X.*** (Général) 1889 - Avril - 26

CATALOGUE

DES

LIVRES ANCIENS ET MODERNES

ET DES

Collections de Costumes Militaires

COMPOSANT LA BIBLIOTHÈ[QUE]

de Feu M. le Général X***

Dont la Vente aura lieu aux Enchères publiques

Les 26 et 27 Avril 1889

28, Rue des Bons-Enfants (Maison Silvestre, salle n° 3).

Par le ministère de Mᵉ **Georges BOULLAND,** Commissaire-Priseur,
26, rue des Petits-Champs,

Assisté de M. **Edmond DUBOIS,** Libraire militaire,
18, rue des Grands-Augustins, 18

Costumes militaires. L'armée Russe par M. le Général Comte PAJOL. — **Etats allemands** par ECKERT. — **Autographes. — Histoire. — Mémoires. — Beaux-Arts. — Sciences. — Escrime. — Chasses. — Noblesse. — Bibliographie. — Les Salons de Paris** par la duchesse d'ABRANTÈS, avec lettre autographe. — **Livres à figures. — Les Baisers** par DORAT, 1770, en grand pap. de Hollande, etc.

PARIS
LIBRAIRIE MILITAIRE EDMOND DUBOIS
18, rue des Grands-Augustins, 18
Près le Pont-Neuf

1889

VIENT DE PARAITRE :

Système de Recrutement des Sous-Officiers d'Infanterie

Appliqué à la Loi du service militaire de trois ans, par *E. KOSZARSKI*, Lieutenant au 93e d'Infanterie. Brochure in-12 de 36 pages. Prix. 1 fr.

Extrait du Compte-rendu du « Journal des Sciences Militaires » :

« Au moment où le projet des nouvelles lois militaires, déposé par le Ministre de la guerre, est soumis à la discussion des Chambres, il n'est pas sans intérêt de lire les divers travaux qui ont trait à la question de la constitution des cadres inférieurs.

» La brochure du lieutenant Koszarski, a soulevé, de la part de divers journaux militaires et politiques, d'assez vives critiques auxquelles l'auteur a répondu dans l'ancien organe de la *Réunion des Officiers*.

» Nous n'entrerons pas, à notre tour, dans la discussion, cela nous entrainerait beaucoup trop loin; nous nous contenterons de constater que le lieutenant Koszarski a consciencieusement étudié et traité la question, et que sa brochure, écrite avec beaucoup de sens pratique, est très intéressante et mérite d'être consultée. »

VIENT DE PARAITRE :

Ecole Spéciale Militaire pour l'Instruction des cadres Inférieurs de l'Armée.

Projet appliqué à la loi organique du Général BOULANGER par le Lieutenant *G. KOSZARSKI*. Br. in-18. 0 fr. 75

VIENT DE PARAITRE :

Essai d'une Loi sur la Retraite des Officiers de Réserve et de l'Armée Territoriale.

Par *E. KOSZARSKI*, lieutenant au 93e d'Infanterie. Brochure in-12. 0 fr. 75

Ce travail, paru sous les auspices de la Réunion des officiers, est très bien fait et prouve une grande compétence en matière de finances de la part de l'auteur.

L'idée d'une retraite pour les officiers de la Réserve et de l'Armée territoriale nous parait heureuse; sa réalisation serait une excellente mesure.

« Au point de vue de la discipline, dit l'auteur, il y a lieu d'observer tout d'abord que le droit de la retraite joue un rôle capital dans l'armée active. C'est un des moyens les plus stimulants au dévouement et à l'obéissance passive. S'il n'y avait pas de retraite, les démissions seraient aussi fréquentes que dans l'Armée territoriale, vu la faiblesse des appointements et les nombreux inconvénients que présente la vie militaire, inconvénients portant souvent atteinte à l'amour-propre et à la liberté individuelle. La seule pensée d'avoir les derniers jours de sa vie convenablement assurés retient bien des officiers sous les drapeaux. »

La création d'une retraite dans l'armée territoriale pourrait relever dans la même proportion le prestige dû aux officiers de cette armée, et donnerait une stabilité incontestable à leur position. (*Extrait du Journal des Sciences militaires*).

VIENT DE PARAITRE :

L'OBÉISSANCE PASSIVE DANS L'ARMÉE

18 Brumaire. — 2 Décembre 1851. — 29 Octobre 1870 à Metz

TRAHISON DE BAZAINE

Par *Eugène ROIFFÉ*, officier en retraite, ancien Directeur de la *Sentinelle* de Nancy. 1 vol. in-8. 2 fr.

VIENT DE PARAITRE :

Petit Dictionnaire pratique Français-Allemand

A l'usage des soldats, des élèves des Ecoles militaires, des officiers de toutes armes et des voyageurs. 1 vol. in-18. 1 fr.

GRANDE IMPRIMERIE DU CENTRE, HERBIN, A MONTLUÇON

LA VENTE AURA LIEU

Les 26 et 27 Avril 1889

A huit heures du soir

MAISON SILVESTRE. — RUE DES BONS-ENFANTS, 28

Salle n° 3

Par le Ministère de **Me Georges BOULLAND,** Commissaire-Priseur,
26, Rue des Petits-Champs, 26

Assisté de **M. Edmond DUBOIS,** Libraire Militaire,
18, Rue des Grands-Augustins, 18

Première vacation le Vendredi 26 avril . n° 1 à 163

Deuxième vacation le Samedi 27 . . . n° 164 à fin.

LIVRES EN LOTS

CHAQUE JOUR DE VENTE

CONDITIONS DE LA VENTE

La vente se fait au comptant.

Les acquéreurs paieront 5 p. 100 en sus des enchères, applicables aux frais.

Il y aura exposition chaque jour de vente de *2 à 4 heures.*

Les livres devront être collationnés sur place dans les vingt-quatre heures de l'adjudication. Passé ce délai, ou une fois sortis de la salle de vente, ils ne seront repris pour aucune cause.

M. E. DUBOIS, chargé de la vente, remplira les commissions des personnes qui ne pourraient y assister.

M. E. DUBOIS se réserve la faculté de réunir et de vendre en un seul lot tels articles du Catalogue qu'il jugera utile à l'intérêt de la vente.

COSTUMES MILITAIRES

COLLECTIONS, MÉLANGES, LIVRES ET AUTRES

ARMÉE FRANÇAISE

1 **Armée d'Orient**. Campagne de Crimée, par V. Adam. 6 planches in-fol. oblong, lithographiées et coloriées.

2 **Foussereau**. Garde nationale et armée françaises (vers 1830). 24 planches in-4 lithographiées et coloriées, (sauf 2).

3 **Lecomte** (Hte). Costumes militaires depuis 1200 jusqu'à 1820. 70 planches pet. in-fol., lithographiées et coloriées, à toutes marges. Extrait militaire complet de l'ouvrage général de Lecomte.

4 **Armée française**, 2e Empire, par Charpentier et Bastin. 18 planches in-4 oblong, lithographiées et coloriées.

5 **Gaildrau**. Armée française, 2e Empire. 19 planches gr. in-fol., lithographiées et coloriées.

9 planches ont les marges rognées. *Détail des planches:* Grenadiers. — Garde impériale. — Vétérinaires. — Cuirassiers. — Garde de Paris à pied. — Guide. – Général de division. — Zouaves. — Sapeur-Pompier. — Voltigeur de la garde. — Marin. — Marine. — Capitaine de port et lieutenant. — Chasseur (cavalerie légère). — Zouaves grande tenue. — Artilleur à pied grande tenue. — Voltigeur (ligne). — Gardes de Paris à cheval, tenue de service et de promenade. — Chasseurs d'Afrique. — Lancier grande tenue. — Spahis.

6 **Adam** (Albert). 24 croquis pittoresques dessinés d'après nature dans la Russie en 1812 par Albert Adam, peintre de chevaux, attaché à la personne du Prince Eugène pendant la campagne de 1812. *Munich*, (vers 1830), album de 24 planches lithographiées.

7 **Vernet** (Horace). Œuvres complètes de Horace Vernet. *Carlsrhue, Wagner*, s. d., in-4 en ff., couv. imprimée.

Exemplaire très propre des 70 planches, contenant 223 sujets d'après les dessins originaux d'Horace Vernet; planches tirées sur chine. Tache d'encre sur sur le titre.

8 **Alboize** et **Elie**. Fastes des Gardes nationales de France. Histoire des milices citoyennes. *Paris*, 1850, 2 vol. gr. in-8 br.

24 gravures dont 3 donnant 15 types de costumes militaires coloriés.

9 **Gravelot**. Le maniement et l'exercice du fusil. 1766, 15 planches in-4, gravées par Gravelot. *Rare*. (*Piq. de vers et mouil.*).

10 **Costumes militaires**. 10 planches gr. in-8 dessinées par Vogel et coloriées.

11 **Genty**. Troupes françaises en 1815. 8 planches in-4 gravées, 2 de col.

12 **MARTINET**. **TROUPES FRANÇAISES**. 1810-1814. 60 pl. in-8, gravées et coloriées.

13 **LALAISSE**. Uniformes de l'**EMPIRE FRANÇAIS**, 1852-1870. 121 planches in-fol. lithographiées et coloriées, montées sur onglets et rel. en 1 vol. pet. in-fol., demi-chagrin, pl. toile. Très bel exemplaire en premier tirage, se rencontrant rarement aussi complet.

14 **Costumes militaires.** Album intitulé : Souvenirs de Napoléon-le-Grand. Recueil de 71 planches de sujets militaires choisis, formant ensemble une suite fort curieuse sur la vie de Napoléon. Beau vol. grand in-fol., demi-chag., pl. toile.

1 portrait de Napoléon. — Napoléon à Austerlitz, sig. Jobart Minor. — Napoléon à la Moskowa. — Un fort joli port. équestre de Napoléon, finement colorié. — Portr. du Roi de Rome, de Bertrand, de Cambronne. — Une suite complète de 30 planches, réduction de Charlet, bien coloriées et en très bon état. — Les tirailleurs, par Bellangé.— 6 planches d'uniformes prussiens contenant plus de 40 types militaires coloriés. — L'Hospitalité, par Hte Bellangé. — Vive la République, par Raffet. —L'embuscade, par Bellangé. — La charge, par le même. — Mon Empereur c'est la plus cuite, par Raffet. — La Halte, pièce coloriée — 4e cheval Polonais (lancier polonais), par C. Vernet. — Incendie de Moscou en 1812, très belle pièce militaire coloriée. — Maniement des armes, 2 pièces par H. Bellangé. — Cuirassier démonté, colorié. — Soldats jouant la drogue, par H.Vernet.— Les suites du jeu de la drogue, par le même. — Puisque je ne puis sauver mon drapeau, je ne retournerai pas au camp sans lui, pièce sig. Achille d'H. — Artilleurs, par H. Vernet. — Une pièce par Charlet. — 2 types militaires anglais coloriés. — La vieille Garde à Fleurus. — Charge des cuirassiers à Waterloo. — Le château et la ferme d'Hougoumont, pièce coloriée. — Vue de la maison de la Belle Alliance, pièce coloriée. — La Garde meurt, elle ne se rend pas ! ! ! Pièce finement coloriée, par H. Vernet. — Vue de Long-Wood. — O ! toi qui fus si grand (Tombeau de Napoléon). — L'aigle au désespoir. — L'aigle fidèle. — Tombeau de Napoléon à Sainte-Hélène.

15 — Histoire de l'Empereur Napoléon, par Laurent de l'Ardèche. *Paris*, 1843, fort vol. in-8, rel., gravures dans le texte.

49 planches de types militaires dessinés par Bellangé et coloriés.

16 — Collection de 21 planches contenant 80 types de costumes militaires, dont 11 de coloriés, armées autrichienne, française et prussienne vers 1835 à 1840. Planches extraites des 3 vol. du Journal l'Armée. *Très rare.*

17 **Bellangé.** Scènes militaires. 20 planches gr. in-4, lithographiées.

18 **Armée Française** par régiments. (1er et 2e Empire) par Mondor de l'Aigle. 12 planches gr. in-fol. oblongues, lithographiées et coloriées.

Chasseurs à cheval de la Garde Impériale. — Dragons de l'Impératrice. — Gendarmes d'élite de la Garde. — Mamelucks. — Grenadiers à cheval, Garde. — Artillerie à cheval, Garde. — Gardes d'honneur. — Marins de la Garde. — Guides. — Garde de Paris. — Régiment d'infanterie. — Hussards.

19 **Charlet.** Scènes militaires. 80 planches gr. in-4, lithographiées.

20 **Charlet.** Scènes militaires. 60 planches gr. in-4, lithographiées (plusieurs sont en 2 ou 3 exemplaires).

21 **Charlet.** Types militaires. 1er Empire. 2? planches gr. in-4 lithographiées, (plusieurs sont en double).

22 **Armée Française.** 63 planches in-fol. en chromolithographie en couleurs. *Paris, Legras,* 1884-1888.

22 bis Idem. Armées étrangères. 27 planches.

23 **Philippotteaux.** Armée Française, de l'origine à 1850. 70 planches, gr. in-8, coloriées. (Quelques-unes en double exempl.).

24 **Bellangé.** Armée Française. Diverses époques. 19 planches gr. in-8, coloriées. (Extraites de divers ouvrages).

25 **Histoire** de la famille Bonaparte, par MM. Bessières et Marcolino Prat. *Paris, Penaud,* s. d. *A la suite* : Biographie des grands hommes et des personnages remarquables qui ont vécu sous l'Empire, par les mêmes. *Paris, s. d.*, 2 ouvrages en 1 fort vol. gr. in-8, rel.

7 planches d'uniformes militaires coloriés, et portraits.

26 **Histoire** de la Révolution de Février, jusques et y compris le siège de Rome, illustrée par Philippoteaux, Rousseau, etc. *Paris, Barbier*, 1850, gr. in-8, rel. 13 planches d'uniformes militaires coloriés.

27 **Armée française**. Mélanges, orig. à 1855. 35 planches de divers formats, la plupart coloriées.

28 **Régiment** (Le) de sapeurs-pompiers de Paris. Texte de François Bournand, dessins de Ch. Morel. *Paris*, 1887, 1 vol. gr. in-4.

29 **Aubry** (Charles). Armée française, ancienne et moderne. *Saumur*, (1835), 16 planches gr. in-fol., lithographiées.

30 **Marine** (La) par Eug. Pacini, illustrations de Morel-Fatio. *Paris, Curmer*, 1844, gr. in-8, *cartonnage de l'éditeur, très bel exemplaire.*

31 gravures de texte, dont 7 de costumes très finement coloriés.

31 **Aquarelle de Fort**, représentant un chevaux-léger (Louis XV), format in-4. dans un cadre.

32 **Cham**. Les zouaves. Album de 29 planches in-4, lithog. (*Bureau du Charivari*).

33 **Lavrate**. Album de 22 planches, gr. in-4, lithog. et coloriées.

34 **Baric**. Fantaisies militaires. *Paris, Arnauld de Vresse*, 1864. Album de 19 planches gr. in-4, lithograph. Cartonnage de l'édit.

35 **Adam** (Vict.). Histoire de Napoléon. Suite de sujets, composés et dessinés par Victor Adam. Les portraits par Maurin, 1 titre et 13 planches lithograph., gr. in-fol.

36 **Vive** les deux Républiques *Unies*, 2 feuilles gr. in-fol. avec types militaires coloriés.

37 **Généalogie**. L'arbre d'Orange défendant contre la tempête, pensées morales sur l'heureuse révolution dans le Pays-Bas, consacrées aux amis de l'illustre Maison d'Orange et de Nassau. 1 feuille gr. in-fol., gr. et coloriée, *curieuse.*

ARMÉES ALLEMANDES

38 **ARMÉE PRUSSIENNE** (1850) **Sachse**. 36 planches in-fol., lithographiées et coloriées, rehaussées d'or et d'argent. Autre suite de 8 planches en chromolithographie du format petit in-4. Ensemble 44 planches montées sur onglets et rel. en 1 fort vol. in-fol., demi-chagr., pl. toile.

39 **Kaiser.** Armée prussienne, cavalerie de la Garde royale (vers 1866), 6 planches très gr. in-fol. en chromolithographie en couleurs.

40 **ARMÉE PRUSSIENNE** par **SCHINDLER.** 53 planches gr. in-fol., lithographiées et soigneusement coloriées, montées sur onglets et rel. en un vol. gr. in-fol., demi-chagr. grenat, pl. toile, *très bel exemplaire, rare.*

Premier tirage de la première édition. Le catalogue de Meidinger ne mentionne que 50 planches.

41 **ARMÉE PRUSSIENNE.** Das Preussisches heer S. M. Friédrick Wilhem III; von der Kunsthandlung Sachse Gezeichnet, un lithographirt von Etzbotz, Réchlin, Schulz. *Berlin*, 1833, 74 planches in-fol., lithographiées et coloriées avec soin, rel. en 1 vol. petit in-fol. *Rare.*

On a conservé la couverture lithographiée ; le volume est interfolié de papier blanc. 9 feuillets manuscrits relatifs à l'uniforme, aux cadres et à l'historique des régiments. Les planches 4-8-10-28-71 ont des morceaux enlevés et des raccommodages au bas des feuillets.

42 **Armée prussienne.** Die Brandeburg-Preussische armée, in historischer darstellung. Ihre uniformierung und Bewaffnung von Grossen Kurfursten bis auf Kaiser Wilhelm. 200 colorierte malerische einzelfiguren auf 20 querfolio-tafeln, von Edmund Rabe, und Lud. Burger. *Berlin, Meidinger*, 1886, 1 vol. gr. in-fol. oblong, *très* joli étui avec plaque spéciale.

1 titre rouge et noir, 20 feuillets de texte et 20 planches contenant 200 types d'uniformes militaires, lithographiés et coloriés, très *bel exemplaire.*

43 **Armée prussienne.** Tableaux de détails des uniformes. *Berlin*, (vers 1850), 5 feuilles in-fol. en chromolithographie, en couleurs.

44 **Armée prussienne.** Uniformes prussiens en 1813-1815. (Obbildung des nenen Ronig-Preusisch armée, 1813-1815, von Wolf und Jügel). 22 pl. pet. in-fol., grav. et finement coloriées. *Rare.*

45 **Armée allemande.** Mélanges, uniformes militaires de diverses époques. 14 planches in-4 et in-fol., lithographiées et coloriées.

Plusieurs de ces planches sont d'une extrême rareté.

46 **Mémoires** pour servir à l'histoire de Brandebourg (par Frédéric II). *S. L. Imprimé pour la satisfaction du public*, 1758, 3 tomes en 2 vol. in-12, v. pl.

On a joint à cet exemplaire *l'ouvrage très rare intitulé* : Mémoires pour servir à l'histoire de l'armée prussienne, continués jusqu'au mois de janvier 1759, accompagnés de l'état général de toutes les troupes prussiennes, peint et gravé en taille-douce. *Amst., aux dépens de la Comp.*, *s. d.*, avec le tableau rehaussé d'or et d'argent.

47 **Genty.** Troupes allemandes, 4 planches. — Troupes prussiennes, 11 planches. — Troupes autrichiennes, 4 planches, 1815. Ensemble 19 planches in-4, gravées et coloriées.

48 **Armée Wurtembergeoise**, 1638-1854. 36 planches du format gr. in-8 oblong, gravées sur bois et coloriées, remontées sur bristol in-fol.

49 **Armée Wurtembergeoise.** Uniformes militaires en 1870. 9 planches in-12 en chromolithographie, en couleurs.

50 **ARMÉE SAXONNE.** Die sachsische armée Der Gegenwart, in Wort und Bild von Dr. Ferd. Hauthal. *Leipzig, Bach*, 1859, 20 planches in-fol., demi-chagr., pl. toile.

Très bel exemplaire auquel on a ajouté un fort beau portrait du Roi de Saxe en couleurs.

ARMÉE AUTRICHIENNE

51 **Armée Autrichienne,** par F. l'Allemand, 1630-1840. *Vienne, Bermann et Sohon, s. d.*, 40 planches in-fol. oblongues, contenant 240 types d'uniformes militaires, lithographiés et soigneusement coloriés, rel. *Bel exemplaire peu commun.*

52 **Armée Autrichienne.** Die K. K. Osterr ungar, armee nach den neuesten adjustirungs vorschriften Bildlich Dargestellt, Josef Hausner. *Vienne, Moritz Perles, s. d.*, in-fol. oblong, cartonnage de l'éditeur.

1 titre et 22 planches en chromolithographie, en coul., contenant plus de 220 types d'uniformes militaires.

53 **Richter.** Volontaires autrichiens au service de l'Empereur Maximilien au Mexique. 1866, 5 planches in-fol., lithographiées par Gerasch, et coloriées. *Vienne, Neumann*, les 5 pl. dans une couverture *imprimée.*

54 **Armée Autrichienne.** Schemas. (Vienne, Artaria, vers 1790), 141 planches pet. in-8, contenant 143 types d'uniformes militaires, gr. et fort soigneusement coloriés, rehaussés d'or et d'argent, plus 13 feuillets de titre indicatifs des différents corps, le tout rel. en 1 vol. petit in-8, cartonnage original, *fort belle collection, très rare en cet état.*

55 **Gerasch** (F.). Armée Autrichienne, (de 1620 à 1860). *Vienne, Neumann, s, d.*, 152 planches format in-4, lithographiées et coloriées, 2 feuillets de titre, étui en toile spécial pour cet ouvrage. *Bel exemplaire à l'état neuf.*

ARMÉE RUSSE

56 **Armée Russe** en 1810. 10 planches in-4, dess. par Souerweid grav. par Jazet, et très finement coloriées, belles pièces à toutes marges.

Cuirassier. — Officier d'Etat-major. — Cosaque régulier. — Régulier (2e type). — Cosaque irrégul. — Kalmouc et Baskir. — Hussard. — Officier de Uhlans Russes. — Cosaque irrégul. (2e type). — Baskir.

57 **Genty.** Troupes russes en 1815. 13 planches in-4, gravées et coloriées (sauf deux).

58 **Armée Russe.** Uniformes militaires des cosaques, (campagne de 1812). Dessinés par Finart et gravés par Couché fils et Blanchard. 13 planches gr. in-8, finement coloriées. *Rare.*

59 **Raffet.** Souvenirs du camp de Vosnesseusk. 1837. 25 planches in-fol. lithographiées, extrait complet des planches d'uniformes militaires du grand ouvrage de Raffet. (*Voyage en Russie et au Caucase*).

60 **Detaille** (Edouard). Les grandes manœuvres de l'armée russe. Souvenirs du camp de Krasnoé-Sélo, 1884. *Paris, Boussod et Valadon*, 1886, 1 vol. gr. in-fol., cartonnage de l'éditeur.

31 compositions de Edouard Detaille.

61 **Vernet** (P.). Garde Impériale russe 1841-1842. 20 planches gr. in-fol., lithographiées et coloriées, entourage en bistre.

Quelques petites déchirures aux marges des planches, une des planches a un coin d'enlevé sans atteindre la lithographie.

62 **PAJOL** (Le général comte). **UNIFORMES DE L'ARMÉE RUSSE 1856.** 67 planches très gr. in-fol. en chromolithographie, avec texte, réunies en 1 vol. gr. in-fol., demi-maroq. Laval., pl. toile. *Très bel exempl., rare.*

Détail de l'ouvrage : 2 feuillets pour le titre et la dédicace, 6 feuillets pour la composition, l'organisation de l'armée et la Table des mat., 13 planches cont., les détails d'uniformes, boutons, étendards, armes portatives, décoration, etc., et 56 planches de types d'uniformes, cavalerie et infanterie, plus une fort jolie planche ajoutée, donnant les types d'uniformes de la 1re division de cavalerie russe, dessiné par Bastin, lithographie coloriée.

ARMÉES DIVERSES

COLLECTIONS ET MÉLANGES

63 **ARMÉE TOSCANE** en **1812**. 13 planches format in-4, dessinées par Galli, lithographiées par Levilly. *A Paris*, (vers 1820), et coloriées.

64 **Armée Belge**. 8 planches gr. in-fol. oblongues, dessinées par Payen et lithogr. par Gerlier. *A Bruxelles*, (vers 1850), coloriées, rel. demi-chag. rouge, pl. toile.

65 **Armée Belge**. Garde civique et armée ; uniformes de différentes époques. 9 planches in-fol. lithographiées et coloriées.

66 **Armée et Marine Hollandaises**. Uniformes et équipements. 63 planches coloriées et texte. *Amsterdam, Leman*, 1845, 1 vol. in-4, cartonnage de l'éditeur.

67 **Zezon** (Antonio). Types militaires des différents corps de l'armée Napolitaine. *Naples*, 1850 (1855), 1 titre et 79 planches in-fol. lithographiées et coloriées, plus 9 feuillets de texte, *q.q. petites déchirures à 3 ou 4 planches et à 1 feuillet du texte, sans importance.*

68 **ARMÉE SUÉDOISE** par Schützercrantz (1700-1850), Stockholm, 1853. 36 planches in-fol. oblongues, contenant plus de 120 types d'uniformes militaires, lithographiés et soigneusement coloriés, rel. en 1 vol. in-fol. obl., dos et coins en drap br., aux armes royales sur le pl.

Edition royale ; exempl. recouvert en drap d'uniformes de l'armée.

69 **Armée Italienne** L'esercito Italiano schizzi militari, Raccolti et disegnati da G. Cenni. *Milano, Vallardi*, 1880, 12 planches in-fol., chromolithographie (?) en coul., montées sur onglets, et rel. en 1 vol. gr. in-fol., demi-chag., pl. toile.

70 **Armée Suisse**. Types militaires par Ch. Perron. Suite complète de 15 planches in-fol. lithographiées et coloriées. *Paris, Lemercier*, vers 1860.

71 **Suisse**. Malerische Reise durch einen Groszen Lheil der Schweiz vor und nach Revolution. *Iena, Seidler*, 1805, 1 vol. in-8, dos et coins bas., 56 figures dont 2, contenant 4 sujets de costumes militaires coloriés.

72 **Moltzheim.** L'Artillerie Européenne. 1840. 24 pl. in-fol., lithographiées (*Dupuy*) à Metz, et coloriées, couverture imprimée.

Artilleries Belge, Espagnole, Hambourgeoise, Hollandaise, Holstein et d'Oldenbourg, Napolitaine, Piémontaise, Prussienne, Saxonne, Suédoise, Turque, Brunswick, Suisse (Berne), Badoise, Autrichienne, Bavaroise, Hanovrienne, Persane, Prussienne (2e état), Danoise, Grecque, Wurtembergoise, Hessoise, Egyptienne.

73 **Moltzheim.** Artillerie Européenne. 1832, 19 planches in-fol. lithographiées (noires), couverture imprimée.

Artilleries Française, 2 pl., Belge, Hollandaise, Suédoise, Danoise, Prussienne, Badoise, Bavaroise, 2 pl. Wurtembergeoise, Saxonne, Suisse, Autrichienne, Russe, Espagnole, Piémontaise. Grecque, Turque.

74 **Vernier.** Uniformes des armées Européennes sous Louis-Philippe. 4 planches in-fol. oblong., lithographiées par Aubert et coloriées.

75 **Divers** (Etranger). Lot de 13 planches in-4 et in-fol. coloriées.

76 **Lami de Moraine et Vernier.** Mélanges, armées Française, Russe, Autrichienne. 1er Empire. 24 planches gr. in-8 coloriées.

77 **Jacquemin.** Costumes militaires Français et Etrangers à diverses époques. 29 planches in-fol. lithographiées et coloriées.

78 **Déro-Becker.** 7 planches oblongues et en hauteur, in-4 et in-fol., lithographiées et coloriées. (1830-1832). Armées Anglaise, Prussienne, Russe, Autrichienne et Belge.

Ces planches sont extraites de la Collection très rare ; deux portent quatre sujets sur la même feuille.

79 **Armées** alliées en 1814-1815, par Finart. 12 pl. in-8, gr. et coloriées de l'époque.

80 **Armées Etrangères.** Mélanges. 10 planches de divers formats coloriées.

81 **Uniformes militaires** (1850-1868). Lithographie du format, in-8, remontée sur bristol et coloriée.

1 — Cavalerie française. Suite complète de 25 planches.

2 — Garde Impériale et Etat-Major. 35 planches.

3 — Infanterie, Garde et Ligne. 25 planches.

4 — Armée autrichienne. Suite complète de 25 planches.

5 — Armée anglaise. Suite complète de 25 planches.

6 — Armée prussienne. Suite complète de 25 planches.

7 — Armée bavaroise. Suite complète de 25 planches.

8 — Les Drapeaux de toutes les puissances. Suite complète de 25 planches.

9 — Les Cantinières de l'armée française. Suite complète de 25 planches.

10 — Environ 100 planches diverses.

82 **Genty.** Troupes russes et prussiennes en 1815. 16 planches in-4, gr. et coloriées, (sig. L.).

Troupes prussiennes. Garde Royale, 8 pièces. — Troupes russes. Garde Impériale, 8 pièces.

83 **Adam** (V.). Ecercito Espanol. 5 planches pet. in-4, lithographiées et coloriées.

84 **Album** de l'expédition Romaine, texte et dessins par Ch. Vertray, capitaine d'Etat-Major. Album gr. in-fol., contenant 8 feuillets de texte, 14 vues lithographiées et 4 cartes. *Moulins (Allier)*, 1853.

Intéressant pour le costume militaire. *Division de Tolverage.* 1 titre avec 5 monuments de Rome. 2 fig. de types militaires et cartouche d'entourage. 13 planches dont : Marche sur Rome, Bivouac, vue du camp de Palo, de Castel di Guido. 2 pl. Vue du camp de Corviale, d'Aqua Treversa, de Santucci, camp de Santa-Passera, parc d'artillerie. Prise de Ponte-Molle, marche sur Tivoli, vue générale des attaques, vue de la place du Quirinal (occupée par l'armée française), vue de villa Miollès-Borghès occupée par l'Etat-major général, vues et cartes.

85 **ARMÉES des SOUVERAINS ALLIÉS 1814-1815** et collec. Saint-Fal. 15 planches in-fol. gravées et coloriées de l'époque, *rare.*

86 **ARMÉES des SOUVERAINS ALLIÉS 1814-1815.** Tableaux comparatifs des principaux corps militaires. Suite complète des 3 planches in-fol. oblong, gravées et coloriées de l'époque, *très rare.*

87 **MARINE ANGLAISE.** COSTUME de la marine ROYALE ANGLAISE en 1828. 12 planches in-f. lithographiées par Engelmann. *A Londres*, 1829, soigneusement coloriées, *très rare.*

88 **Militaires anglais.** (Military incidents De Newhouse) vers 1830. 6 planches gr. in-fol. oblong, gravées et finement coloriées.

Très belle collection complète d'une exécution fort remarquable, fort rare.

89 **VOLONTAIRES ANGLAIS** en 1798 par Rowlandson. *Londres* 1798-1800, 79 figures pour l'infanterie et 8 figures pour la cavalerie plus un dessin représentant le volontaire de l'Université d'Oxford ens. 88 planches pet. in-fol. très finement coloriées et rehaussées d'or et d'argent, collection complète, fort rare.

90 **ECKERT et MONTEN.** UNIFORMES MILITAIRES DES ARMÉES ALLEMANDES (Etats-Confédérés). 357 planches lithographiées. *A Wurzburg par Weiss* (vers 1840) et soigneusement coloriées. Les 357 planches rel. en 3 gros vol. in-fol. demi-chagr. rouge. *Très bel exemplaire* contenant les 13 planches de la LANDWEHR qui sont *très rares* et qui manquent à presque tous les exemplaires.

91 **ECKERT** et **MONTEN**, ARMÉE SUISSE en 1834. 9 planches gr. in-4, lithographiées et coloriées.

92 **ECKERT** et **MONTEN**. Armée SUÉDOISE. Suite complète de 40 lithographies in-fol. soigneusement coloriées (vers 1840). Les 40 planches montées sur onglet et rel. en 1 beau vol. in-fol. demi-chag. rouge, pl. toile, (reliure neuve), *rare.*

93 **ECKERT** et **MONTEN.** ARMÉE AUTRICHIENNE. Suite complète de 49 planches lithographiées et finement coloriées, rel. en 1 vol. in-fol. demi-chagr. rouge.

93 *bis* **Costumes** des Régiments et des milices recrutés dans les anciennes provinces d'Alsace et de Lorraine, les Républiques de Strasbourg et de Mulhouse, la principauté de Montbéliard, et le Duché de Lorraine, pendant les XVIIe et XVIIIe siècles, par H. Ganier. 1882, 20 planches en chromolithographie, en couleurs, avec titre, texte et des notices. Album in-fol., dans un carton spécial.

94 **ARMÉE AUTRICHIENNE en 1815** d'après les dessins de P. De Stubenrauch et ceux de Hochle, gravé par Klein, Erhard et Schindler. *Vienne, Artaria* (vers 1830), 15 planches grand in-fol. représentant les différents types d'uniformes militaires de toute l'armée autrichienne en 1815, très finement coloriés à la main et d'une exécution artistique fort remarquable. *Collection complète de toute rareté.*

95 **Catalogue** de tableaux anciens, (collection de M. Tencé, de Lille), vente de 1881. 1 plaq. in-4 br.; une jolie pl. gravée à l'eau-forte.

96 **Catalogue** de tableaux modernes composant la collection de M. Fr. Harmann. 1821, plaq. in-4, avec 10 pl. gravées à l'eau-forte, br.

97 **Catalogue** des tableaux anciens de toutes les écoles. comp. la très importante collection de M. le Baron de Beurnonville. 1881, fort vol. in-4 br., n. c., 59 belles planches gravées à l'eau-forte.

98 **Catalogue** de tableaux des principaux maître des écoles anciennes, Hollandaise, Flamande et Française, et de l'école moderne, comp. la précieuse collection de feu M. R. Papin. 1873, in-4, avec 4 pl. grav. à l'eau-forte, br.

99 **Catalogue** de tableaux de premier ordre formant la collection de M. Reiset. 1879, in-4, pap. de Holl., 21 pl. en photogravure, br.

Catalogue peu commun. La vente n'eut pas lieu, la collection entière fut achetée par l'Etat.

100 **Catalogue** des tableaux de l'École moderne, tableaux anciens, marbres, objets d'art et de curiosité, comp. la Galerie de feu M. Oppenheim. 1877, 1 vol. gr. in-8, avec 24 pl. gravées à l'eau-forte, br.

101 **Catalogue** des tableaux modernes comp. la collection de M. le Baron de Beurnonville. 1880, 1 vol. gr. in-8, avec 20 pl. gravées à l'eau-forte.

102 **L'Art.** Revue illustrée, années 1876, 1877, 1878 inclus; ens. 12 vol. in-fol., cart. de l'éditeur, tr. dor., (l'année 1878 br.).

103 **Mosaïque** (La). Revue pittoresque illustrée, de l'origine (1873) à 1884 inclus, soit 12 années en 12 vol. in-4 br., *état de neuf.*

104 **Tardieu** (A.). La Colonne de la Grande armée. *Paris, s. d.*, 4 pages de texte et 40 pl. gravées au trait, gr. in-4, rel.

105 **Cousin** (J.). Le jugement dernier. (Musée du Louvre). 12 pl. in-fol. gravées, dont 3 de texte.

106 **Arc de Triomphe** des Tuileries, érigé en 1806, d'après les dessins et sous la direction de MM. Percier et Fontaine, dessiné, grav. et publié par Normand fils, avec texte explicatif par Brès. *Paris, Normand, s. d.* (1830), 1 vol. gr. in-fol. oblong, 27 pl. et texte, pap. vélin, avec types d'uniformes militaires gravés au trait.

107 **Portraits** des généraux et autres composant l'armée d'Egypte (1799). 125 portraits gr. in-8, à toutes marges.

108 **Esquisses,** croquis, pochades, ou tout ce que l'on voudra, sur le Salon de 1827, par A. Jal. *Paris, A. Dupont*, 1828, 1 vol. in-8, rel., avec une curieuse lithographie d'Henry Monnier, en coul.

109 **Durande** (A.). Joseph, Carle et Horace Vernet; correspondance et biographie. *Paris, Hetzel, s. d.*, in-12, bradel, non rog.

110 **Bry.** Raffet, sa vie et ses œuvres. 1874, gr. in-8, portrait et fac-simile, br.

111 **Landon** (C. P.). Annales du Musée. Recueil de gravures au trait. *Paris*, 1800 à 1808. 17 vol. in-8 cart., bon état.

112 **Landon.** Salon de 1808. Recueil de gravures au trait. 2 vol. in-8 cart.

113 **Landon.** Salon de 1812. Recueil de gravures au trait. 2 vol. in-8 cart.

114 **Landon.** Salon de 1814. Recueil de gravures. 1 vol. in-8 cart.

115 **Landon.** Salon de 1817. Recueil de gravures au trait. 1 vol. in-8 cart.

116 **Landon.** Salon de 1822. Recueil de grav. au trait. 2 vol. in-8 cart.

117 **Landon.** Galerie Giustinani. Recueil de 150 sujets (environ) gr. au trait. *Paris*, 1812. 1 vol. in-8 cart.

118 **Histoire** des modes françaises, ou révolution du costume en France, depuis l'établissement de la monarchie jusqu'à nos jours, contenant tout ce qui concerne la tête, av. des recherches sur l'usage des chevelures artificielles chez les anciens, (par Molé). *Amsterdam et Paris*, 1773, in-12, pl. v.

119 **Album** des types et costumes de tous les peuples du monde. *Paris, Lib. Générale*, 1869, gr. in-8 avec 200 grav. sur bois, demi-chag.

120 **Ternisien d'Haudricourt**. Fastes de la nation française. *Paris, Decrouan*, s. d., (1083-1805). 3 vol. in-4, pap. vél., rel., ouv. entièrement gravé, texte et figures.

121 **Brongniart** Traité des arts céramiques ou des poteries. *Paris*, 1854, 2 vol. in-8, fig., demi-chag.

SCIENCES DIVERSES

122 **Sciences mathématiques.** Javary. Traité de géométrie descriptive. *Paris, Delagrave*, 1881-1882. 2 vol. in-8 br.

123 **Sciences mathématiques.** Traité de la mesure des eaux courantes, ou expériences, observations et méthodes, par Boileau. *Paris, Mallet-Bachelier*, 1854, 1 vol. in-4, 7 pl., br. — Théorie nouvelle de la rotation des corps par Poinsot. *Paris, Bachelier*, 1851, 1 vol. in-4, 2 pl. br. — Mémoire sur la thermodynamique, par Hirn. *Paris, Gauthier-Villars*, 1867, in-8, pl. br. — Données théoriques et expérimentales sur les vagues et le roulis, par Bertin. *Paris, Gauthier-Villars*, 1874, 1 vol. in-8 br. — Description du frein continu automatique à air comprimé de Wenger, par G. Richard. *Paris, Gauthier-Villars*, 1883, 1 vol. in-8, pl. et fig., br. — Christiani Hugenii aliorumque seculi XVII virorum celebrium exercitationes mathemaœ et philosophicæ servatis edidit Petrus Joannes Uylenbroek. *Hagæ comitum ex Typographia Regia*, 1833, 2 vol. in-4 br. (2 exemplaires). — Académie des sciences, mission scientifique du cap Horn. 1882-83. Rapports préliminaires. *Paris, Gauthier-Villars*, 1884, br. in-4. — Description et usage du petit cercle méridien portatif, par de Bernardières. *Paris, Imp. Nationale*, 1880, 1 vol. in-4 avec pl., cart.

124 **Sciences mathématiques.** Journal de l'Ecole Polytechnique. 1er cahier, 1795. 2e cahier, 1796. 4e cahier, 1797. Les 4 cahiers en 1 très fort vol. in-4, rel. — 14e cahier, 1808, 1 vol. in-4, rel. *On a ajouté à la fin de ce volume* 1 supplément aux Leçons sur le calcul des fonctions données en l'an 7 (1799) à l'Ecole Polytechnique, par Lagrange. *Paris, Imprimerie Impériale*, 1808. — 27e cahier, 1839, 1 vol. br. Ens. 7 tomes en 4 vol.

125 **Cassini de Thury**. Description géométrique de la France. *Paris, Dessaint,* 1783, in-4, avec une carte triangulaire, rel. v. pl.

126 **Ardant.** Cours de construction professé à l'Ecole d'application de l'artillerie et du génie. *Paris, Gauthier-Villars,* 1876, 2 vol. in-4 dont 1 atlas br. *(Ouvrage non mis dans le commerce).*

127 **VÉGA. TABLES DE LOGARITHMES.** *Leipzig,* 1794, 1 vol. in-fol., rel., *très rare, qq. petits raccommodages.*

128 **Paris** (Le vice-amiral). L'art naval à l'Exposition de 1867. 2 vol. gr. in-8 et atlas in-fol. br.

129 **Rapport** sur les machines et outils employés dans les manufactures. Exposition de *Londres* par le général Poncelet. *Paris, Imp. Impér.,* 1857, 2 forts vol. in-8 br.

130 **Force productive** des nations depuis 1800 jusqu'à 1851, par Charles Dupin. *Paris, Impr. Impér.,* 1858, 4 forts vol. in-8 br.

131 **Marine.** 4 forts vol. in-8, rel. — La Réforme de la marine, par Gabriel Charmes. 1886, 1 vol. br. — Etudes sur la marine, (par le Prince de Joinville). *Paris,* 1859, 1 vol. rel. — Le manœuvrier, par Bourde de Villehuet. 1 vol. rel. — Etudes sur l'artillerie navale de l'Angleterre et des Etats-Unis. (Recueil compl.).

132 **Marine.** 3 vol. in-8, cartonnés percaline, parfait état. Dictionnaire des termes de marine français-anglais. *Paris, Challamel,* 1883, fort vol. — Internationales Warterbuch der marine, von Tecklenbourg. *Bremen,* 1870. — Dictionnaire de marine par Boom.

133 **ORYCTOGRAPHIE DE BRUXELLES,** ou description des **FOSSILES** découverts dans les environs de Bruxelles, par F. X. Burtin. *Bruxelles,* 1784, in-fol., titre gr. et 32 planches en couleurs, demi-v., *rare.*

134 **LYONET** (Pierre). **TRAITÉ ANATOMIQUE** de la **CHENILLE** qui ronge le bois de saule. *La Haye,* 1762, 1 fort vol. in-4, avec 62 planches gravées, rel. maroq. vert pl. *Bel exempl., rare en cet état.* Ouvrage fort intéressant et très recherché.

135 **Sciences.** Description géologique et minéralogique du département du Bas-Rhin, par Daubrée. *Strasbourg,* 1852, 1 vol. avec planches en coul. — Elémens de minéralogie, ou manuel du minéralogiste voyageur, par Brard. *Paris,* 1838. Ens. 2 vol. in-8 br.

136 **Daubrée.** Les régions invisibles. *Paris,* 1888, 1 vol. avec 78 fig. — Romanes. L'intelligence des animaux. 1889, 1 vol. Ensemble 2 vol. in-8, cartonnés. (Bibliothèque scientifique Internationale).

137 **Agriculture.** Réunion de 9 vol. in-8 br.

138 **Decaisne et Naudin.** Manuel de l'amateur de jardin. *Paris, Didot, s d.,* 4 forts vol. in-8, nombreuses fig., br.

139 **MES RÊVERIES.** Ouvrage posthume de Maurice, comte de **SAXE,** duc de Curlande, maréchal général. Edition augmentée par M. l'abbé Pérau. *Amsterdam et Leipzig, et se trouve à Paris chez Dessaine et Durand,* 1757, 2 vol. in-4, avec nombreuses planches gravées, rel. v. pl., fil., dos orné, dent. int.

140 **Adam** (Victor). Atlas Houzé. *Paris,* 1859, fort vol. gr. in-4, cart.

101 planches par V. Adam, lithog., et 101 cartes.

HISTOIRE, BIOGRAPHIES ET MÉMOIRES

141 **MÉMOIRES** (Les) **DE MESS. MARTIN DV BELLAY, SEIGNEVR DE LANGEV**, contenans le discours de plusieurs choses aduenuës au royaume de France, depuis M.D.XIII jusques au trespas du roy François premier, auxquels l'autheur a inséré trois liures et quelques fragmens des Ogdoades de Mess. Gvillaume Dv Bellay, son frère. *A Paris, chez G. Amiray*, 1582, in-fol., rel. veau pl. Bel exemplaire, *rare*.

142 **Correspondance** diplomatique de Bertrand de Salignac Fénélon. *Paris, Brockhaus*, 1840, 7 vol. in-8, br.

143 **Mémoires.** 11 vol. in-8, rel. — Mémoires historiques et anecdotiques du duc de Richelieu. *Paris*, 1829, 4 vol. — Lettres inédites d'Henri IV. *Paris, Tardieu*, 1802, 1 vol. — Mémoires du comte de Grammont. *Paris*, 1829, 1 vol. — Maximes d'Etat, ou testament politique d'Armand du Plessis, cardinal de Richelieu. *Paris*, 1764, 2 vol. — Mémoires de M. de Coulanges, publiés par de Monmerqué. *Paris*, 1820, 1 vol avec port. — Vie de Catherine II. *Paris*, 1797, 2 vol. avec 6 beaux portr.

144 **Histoire** et **Mémoires**. 13 vol. in-8. — Hist. de la campagne de 1814, par de Beauchamp, 2 vol., rel. — Journal de Ramel, 1 vol. — Les Cabinets et les peuples depuis 1815 jusqu'en 1822, par Bignon. — Hist. de France depuis le 18 Brumaire jusqu'à la paix de Tilsitt, par Bignon, 6 vol. rel. — Défense des émigrés, adressée au peuple Français par de Lally-Tolendal. *Paris*, 1797. — Essai historique sur les deux Pitt, par le baron L. de Viel-Castel. *Paris, Labitte*, 1846, 2 vol. br.

145 **Mémoires de Fléchier** sur les grands jours d'Auvergne en 1665, annotés par Chéruel, et précédés d'une notice par Sainte-Beuve. *Paris, Hach*, 1856, in-8, fig. demi-mar., pl. toile, tr. dorée.

146 **Mémoires** de Madame la marquise de La Rochejaquelein, illustr. de A. Andrieux. *Paris, Dentu*, 1868, 2 vol. in-12, Bradel.

147 **Mémoires** de Jacques Nompar de Caumont, duc de La Force, maréchal de France, et de ses deux fils, les marquis de Montpoullan et de Castelnaut, publiés par le marquis de La Grange. *Paris, Charpentier*, 1843, 4 vol. in-8, Bradel.

148 **Mémoires** de Fleury, de la Comédie Française, 1757-1820. *Paris, Dupont*, 1835, 6 vol. in-8, br.

149 **Mémoires** historiques, littéraires et critiques de Bachaumont, depuis l'année 1762 jusques 1788. *Paris, Collin*, 1808, 3 vol. in-8, rel.

150 **Mémoires** et souvenirs militaires. Histoire de la vie militaire du maréchal Davout, par Chénier. *Paris, Dumaine*, 1866, 1 fort vol. in-8, demi-bas. r. — Mémoires et souvenirs du général Maximilien Lamarque. *Paris, Fournier*, 1835, 2 vol. in-8, portr., rel. — Mémoires sur le Prince Le Brun, duc de Plaisance, et sur les événements auxquels il prit part sous les Parlements, la Révolution, le Consulat et l'Empire, par du Mesnil. *Paris*, 1828, 1 vol. in-8, br. — Le maréchal Davout, prince d'Eckmühl. Années de commandement. Un dernier commandement, l'exil et la mort, publié par d'Eckmühl, Mme de Blocqueville. *Paris, Didier*, 2 vol. in-8, avec 2 port., br. — Le maréchal de Fabert; étude historique par Bourelly. 1re partie. *Paris, Didier*, 1880, 1 vol. in-8, br. — Mémoires sur Carnot, 1753-1823, publiés par son fils. *Paris*, 1869, 2 vol. en 4 parties in-8, br. — Le général comte Coutard ; étude historique sur la République, l'Empire et la Restauration, par de Riancey. *Paris*, 1857, 1 vol. gr. in-8, port., demi-chag. Ens. 12 vol.

151 **Mémoires militaires**. Le maréchal de Grouchy, du 16 au 19 juin 1815. 1 vol. in-12, br. — Les Pamphlets de la fin de l'Empire, des Cent Jours et de la Restauration, par de Lavigne. *Paris*, 1879, 1 vol. in-12, br. —Histoire de Nappléon et de la Grande armée en 1812, par le Lt-Général comte de Ségur. *Paris, Houdaille*, 1838, 2 vol. in-8, portraits et carte, rel. — Napoléon et la Grande armée en Russie ; examen critique de l'ouvrage du Comte de Ségur, par le général Gourgaud. *Paris*, 1825, 1 vol. in-8, rel. — Relation de la Campagne de Russie, par Labaume. *Paris*, 1814, 1 vol. in-8, carte et pl. — Histoire de l'expédition de Russie, par M*** (de Chambray). *Paris*, 1823, 2 vol. in-8, gr. et cartes, rel. — Mémoires historiq. sur la réaction royale et sur les massacres du Midi, par Fréron. *Paris*, 1824, 1 v. in-8, rel. — Napoléon dans l'exil, par O'Méara. *Paris*, 1822, 2 vol. in-8, rel. — Mémoires de l'abbé Morellets, suivis de sa correspondance. *Paris*, 1823, 2 vol. in-8, rel. — Précis, ou histoire abrégée des guerres de la Révolution Française, depuis 1792 jusqu'à 1815. *Paris*, 1821, 2 forts vol. in-8, rel. — Mémoires sur le Consulat, par un conseiller d'Etat (Thibeaudeau). *Paris*, 1827, 1 vol. in-8, rel. — Histoire de l'expédition d'Egypte et de Syrie, par Ader. *Paris*, 1826, 1 vol. in-8, port. br. — Dix années d'émigration, souvenirs et correspondance du comte de Neuilly, publiés par M. de Barberey. *Paris*, 1865, 1 vol. in-8, br. — Napoléon Ier et le roi de Hollande, 1806-1812, par Jorissen. 1868, 1 vol. in-8, br. — Appel à l'hist. sur les faits de l'aile droite de l'armée française, les 16 et 17 juin 1815, par Grouchy. *Bayeux*, 1865, br. gr. in-8, pl. Ens. 20 vol.

152 **Mémoires** de Madame la vicomtesse de Fars Fausselandry, ou souvenirs d'une octogénaire. *Paris, Ledoyen*, 1830, 3 vol. in-8, Brad., rog., *mouil.*, *rare*.

153 **Mémoires** de Mlle Flore, artiste du Théâtre des Variétés. *Paris, au comptoir des Imp.-Unis*, 1845, 3 vol. in-8, Brad., ébarbé.

154 **Mémoires de Constant**, 1er valet de chambre de l'Empereur, sur la vie privée de Napoléon, sa famille et sa cour. *Paris, Ladvocat*, 1830, 6 tomes en 3 vol. in-8, demi-chag. br., n. rog.

Une lettre autographe signée de l'auteur est jointe à cet exempl., le titre du tome 6e manque.

155 **MÉMOIRES**, tirés des **ARCHIVES** de la **POLICE** de Paris, pour servir à l'hist. de la morale et de la Police, depuis Louis XIV jusqu'à nos jours, par **Peuchet**, archiviste de la police. *Paris, Levavasseur*, 1838, 6 vol. in-8, demi-chag. n., ébarbé, *rare*.

156 **Ménéval** (le baron). Napoléon et Marie-Louise. Souvenirs historiques. *Paris, Amyot*, 1845, 3 vol. — Souvenirs de l'Empereur Napoléon. *Paris, Hach*, 1867. Ens. 4 vol. in-12, demi-chag., propres.

157 **NAPOLÉON** et ses **CONTEMPORAINS**. Suite de grav. représentant des traits d'héroïsme, de clémence, de générosité, de popularité, avec texte ; publiée par Aug. de Chambure. *Paris, Bossange*, 1824, 1 vol. in-4, rel., 1 portrait et 46 gravures d'après Devéria, Desenne, Eug. Lamy, Steube, Charlet, etc., tirées sur chine.

158 **Napoléon**. 10 vol. in-8, rel. — Labaume. Campagne de Russie. — Gourgaud. Napoléon et la grande armée en 1812. — Ségur. Histoire de Napoléon et de la grande armée en 1812. — Ségur. Hist. de Russie et de Pierre-le-Grand. — Norvins. Histoire de Napoléon. — Campagne de 1814-1815, etc.

159 **Napoléon Ier**. 8 vol. in-8, rel. — Histoire de Napoléon Buonaparte, 1769-1815. *Paris*, 1818, 4 vol. — Gourgaud. Napoléon et la grande armée en Russie, 1 vol. — Journal écrit à bord de la frégate la Belle-Poule, par le baron de Las Cases. *Paris, Delloye*, 1841, 1 vol. avec fig. — Mémoires de Gohier, président du Directoire. *Paris*, 1824, 2 vol.

160 **Napoléon Ier**. 6 vol. in-8, br. — Fain. Manuscrit de 1812. — Idem. de 1813. — Quinet. Campagne de 1815. — Napoléon, ses opinions et jugements sur les hommes. 1838, 2 tom. en 1 vol. demi-bas.

161 **Napoléon Ier**. Lettres de Napoléon à Joséphine, pendant la 1re campagne d'Italie, le Consulat et l'Empire. Lettres de Joséphine à Napoléon. Paris. *Paris, Didot*, 1833, 2 vol. in-8 br. — Napoléon Ier et le Roi Louis, d'après les documents conservés aux archives nationales, par Félix Rocquain. *Paris*, 1875, 1 vol. gr. in-8, Brad. — Histoire de l'Empereur Napoléon, par Laurent de l'Ardèche, illustrée par Horace Vernet. *Paris, Dubochet*, 1840, 1 fort vol. gr. in-8, demi-mar. bl.

162 **Napoléon Ier**. Napoléon en exil à Ste-Hélène, par O'Méara. *Paris*, 1822, 2 vol. rel. — Gourgaud. Mémoires de Napoléon. *Paris*, 1823, 2 vol. avec cartes et plans. — Etudes sur Napoléon, par le lieut.-colonel Baudus. *Paris*, 1841, 2 vol. rel. — Buonaparte, sa famille et sa Cour, anecdotes secrètes par un Chambellan forcé de l'être. *Paris*, 1816, 2 vol. rel. — Lettres de Napoléon à Joséphine, pendant la 1re campagne d'Italie, le Consulat et l'Empire. *Paris, Didot*, 1830, 2 vol. in-8 br. — Mémoires historiques et secrets de l'Impératrice Joséphine, par Mlle Le Normand. *Paris*, 1827, 3 vol. in-8 avec portrait et fig. (Le tome 1er est fortement taché). — Napoléon à Ste-Hélène, opinion d'un médecin sur sa maladie et sur sa mort, par Héreau. *Paris*, 1829, 1 vol. br. — Des causes qui ont amené l'usurpation du général Bonaparte et qui préparent sa chute, par sir Francis d'Ivernois. *Londres*, 1800, 1 vol. rel. — Le Duc de Reichstadt ; notice sur la vie et la mort de ce Prince, par De Montbel. *Paris*, 1832, 1 vol. in-8 avec 1 port., br. ; ens. 16 volumes in-8.

163 **Biographie militaire.** 6 vol. gr. in-8 et 1 in-12. — Le général René Moreaux et l'armée de la Moselle, 1792-1795, par Léon Moreaux. *Paris, Didot*, 1886, in-12. — Le Général Duc de Padoue, par Du Casse. 1876, 2 vol. — L'amiral Du Casse, par le Baron R. Du Casse. *Paris*, 1876, 1 vol. — Vie de l'amiral Duperré, par Chassériau. *Paris, Imp. Nationale*, 1848, fort vol. gr. in-8, rel. — Biographie des célébrités militaires par Mullié. 2 vol. gr. in-8 br.

164 **Biographie** de généraux. Vie militaire de J. Lannes, maréchal de l'Empire, duc de Montebello, colonel-général des Suisses, par René Perrin. *Paris, Delaunay, s. d.*, 1 front., rel. dos et coins chag. rouge. — Etude historique sur la Révolution et l'Empire en Savoie. Le général Dessaix, sa vie politique et militaire par Joseph Dessaix et And. Folliet. *Annecy*, 1879, br. — Vie du Général Drouot, par Bona. *Lille, s. d.*, 1 vol. brad. Ens. 3 vol.

165 **Biographie-mémoires.** 4 vol. in-8, rel. propres. — Mémoires du général Dumouriez. *Paris, Renduel*, 1834, 2 vol. in-8, n. rog. — Le Général comte de Coutard. Etude historique sur la République, l'Empire et la Restauration, par de Riancey. *Paris, Dentu*, 1857, 1 vol. — Vie de Zumalacarregui, duc de la Victoire, par Zaratiegui. *Paris*, 1845, 1 vol. bradel.

166 **Biographie et Histoire.** Le Comte de Chambord, d'après lui-même. Etude politique et historique par Dubosc de Pesquidoux. *Paris*, 1887, fort vol. in-8 carré, br. — Le Prince Albert de Saxe-Cobourg, époux de la Reine Victoria. Extr. de l'ouvr. de sir Théodore Martin, et trad. par Aug. Craven. *Paris, Plon*, 2 forts vol. gr. in-8, avec portraits, br. —Histoire de Marie-Antoinette de Lorraine, reine de France, par de Montjoye. *Paris, Lepetit*, 1814, 2 vol. in-8, avec portr. et fig. — La Reine Hortense en Italie, en France et en Angleterre pendant l'année 1831. Fragment de ses mémoires. *Paris, Librairie Nouvelle*, 1861, 1 vol. in-12 br. — Mémoires relatifs à la famille royale de France, pendant la Révolution, publiés par une dame de qualité (Catherine-Hyde, marquise Govion-Broglio-Salari), (trad. de l'angl. par Licquet). *Paris, Treuttel et Würtz*, 1826, 2 vol. in-8, avec portr., br. — Maurice de Saxe. Etude historique d'après des documents inédits, par Saint-René Taillandier. *Paris*, 1865, 1 vol. in-8 br. — Louis XVI, Marie-Antoinette et le Comte de Provence en face de la Révolution, par Todière. *Paris, Lagny, s. d.*, 2 vol. in-8 br. — Vie militaire, politique et privée de S. A. R. Mgr. le Duc d'Orléans, par Pascal. *Paris, Dumont*, 1842, 1 vol. gr. in-8, port., rel. Ensemble 12 vol.

167 **Biographie militaire.** Le Général René Moreaux et l'armée de la Moselle, 1792-1795, par Léon Moreaux. *Paris, Didot*, 1886, 1 vol. in-12, avec 1 portrait et des cartes, br. — Mémoires du marquis de Boissy, 1798-1866, rédigés par Breton. *Paris, Dentu*, 1870, 2 vol. in-8, avec portrait, br. — Le Général Arrighi de Casanova, duc de Padoue, par Du Casse. *Paris, Perrotin*, 1866, 2 vol. avec portr., br. — Les Trois Maréchaux d'Ornano. Etude historique par Du Casse *Paris, Dentu*, 1862, 1 vol. in-8 br. — Les Rois frères de Napoléon Ier. Documents inédits par le Baron Du Casse. *Paris*, 1883, fort vol. in-8 br. Ensemble 7 vol.

168 **Biographie.** Le Comte de Cavour, par Charles de Mazade. *Paris, Plon*, 1877, 1 vol. br. — Madame la Duchesse d'Orléans Hélène de Mecklembourg-Schwerin. *Paris, Lévy*, 1859, 1 vol. — Madame de

Maintenon, peinte par elle-même. *Paris*, *Maradan*, 1810, 1 vol. en 2 part., rel. — Les femmes poètes au XVIe siècle. Etude suivie de Mlle de Gournay, Honoré d'Urfé, le Maréchal de Montluc, Budé et Ramus, par Feugère. *Paris*, *Didier*, 1860, 1 vol. demi-chag. v. — — Biographie et catalogue de l'œuvre du graveur Miger, par E. de La Chavignerie. *Paris*, *Dumoulin*, 1856, 1 vol. avec portr., demi-chag. — La vie d'un patricien de Venise au seizième siècle, par Ch. Yriarte. *Paris*, *Plon*, 1874, 1 vol., 1 port. — Bonaventure des Périers, sa vie, ses poésies, par A. Chenevières. *Paris*, *Plon*, 1886, 1 vol. br. Ens. 8 vol. in-8.

169 **Biographie.** Eloge historique de Mme Elisabeth de France, par Ferrand. *Paris*, 1814, 1 vol. br. — Histoire de Marie-Antoinette de Lorraine, reine de France, par Montjoye. *Paris*, *Lepetit*, 1814, 2 vol. avec port. — Dernières années du règne de Louis XVI, par Hue. *Paris*, *Imp. Royale*, 1816, 1 vol. in-8, pap. de Holl., 1 beau port., rel. — Mémoires du Duc de Normandie, fils de Louis XVI. *Paris*, *chez les marchands de nouveautés*, 1831, 1 vol., portr., br. — Vie anecdotique de Louis-Philippe, roi des Français, par Laugier et Carpentier. *Paris*, 1837, 1 vol. gr. in-8, avec 1 portrait et 17 gravures tirées sur chine, br. — Mémoires de Madame Elisabeth de France, sœur de Louis XVI, par De Barghon Fort-Rion. *Paris*, *Dentu*, 1861, 1 vol. in-8. port., rel. Ens. 7 vol.

170 **Biographie maritime**, ou notice historique sur la vie et les campagnes des marins célèbres, par Hennequin. *Paris*, *Regnault*, 1836, 3 vol. in-8, cart. (q.q. taches). Plus de 90 portraits tirés sur chine.

171 **Révolution.** Papiers inédits trouvés chez Robespierre, Saint-Just, Payan, etc., supprimés ou omis par Courtois, précédés du rapport de ce député à la Convention nationale, avec un gr. nomb. de fac-simile. *Paris*, 1828, 3 vol. in-8, rel. *très rare*, (rel. fatiguée). — Histoire de la conjuration de Maximilien Robespierre (par de Montjoye). *Paris*, *chez les marchands de nouveautés*, *s. d.*, 1 vol. in-8, rel.

172 **Révolution.** Mémoires pour servir à l'histoire du jacobinisme par l'abbé Barruel. *Hambourg*, 1803, 5 vol. in-8, demi-bas. — Mémoires de Condorcet, sur la Révolution Française. *Paris*, 1824, 2 vol. in-8 br. — Macédoine révolutionnaire pour servir à l'histoire de nos jours, ou la vérité toute nue, par J. V***. *Paris*, *Patris*, 1815, 1 vol. in-8, rel. — Histoire de la Société Française pendant la Révolution par E. et J. de Goncourt. *Paris*, 1880, 1 vol. in-18 br. — Mémoires sur la Révolution Française par Buzot. *Paris*, *Bechet*, 1823, 1 vol. (*taches*). Essai sur l'art de rendre les Révolutions utiles. *Paris*, *Maradan*, 1801, 2 vol. in-8 Brad., n. rog. Ens. 12 vol.

173 **Révolution.** Histoire philosophique de la Révolution de France par Desodoards. 6e édition. *Paris*, *Barba*, 1817, 6 vol. in-8, rel. — Considérations sur les principaux événements de la Révolution française; ouvrage posthume de Mme de Staël, publié par le Duc de Broglie et le baron de Staël. *Paris*, *Delaunay*, 1818, 3 vol. in-8, bas. — Examen critique de l'ouvrage de Mme de Staël, par Bailleul. *Paris*, *Bailleul*, 1818, 2 vol. in-8 Bradel. — Histoire du dix-huit fructidor par le chev. de Larue. *Paris*, 1821, 1 vol. in-8, rel. — Coup-d'œil rapide sur la Révolution française par Balardelle. *Bruxelles*, *an VII*, 1 vol. in-8, rel. — Histoire des Jacobins depuis 1789 jusqu'à ce jour, ou l'état de l'Europe en 1820. *Paris*, *Gide*, 1820, 1 vol. in-8, rel. Ens. 14 vol.

174 **Histoire** illustrée du second Empire par Taxile Delord. *Paris, Germer Baillière, s. d.*, 6 vol. gr. in-8, demi-bas.

175 **HISTOIRE dv MARESCHAL de GVEBRIANT**, dressée sur ses mémoires par Le Labovrevr. *Paris, Lovis Billaine*, 1676, fort vol. in-fol., rel. v. pl.

176 **Biographie**. La Reine Hortense en Italie, en France et en Angleterre, pendant l'année 1831; fragment de ses mémoires. *Paris, Libr. Nouvelle*, 1861, 1 vol. in-12 br. — Louise de Kéroualle, duchesse de Portsmouth 1659-1734, par Forneron. *Paris, Plon*, 1886, 1 vol. in-12, avec portrait. — Correspondance de Mme la duchesse d'Orléans, trad. et notes par Jaeglé. *Paris, Quentin*, 1880, 2 vol. in-12 br. — La Jeunesse de Catherine de Médicis par de Reumont, trad. par Baschet. *Paris, Plon*, 1866, 1 vol. in-8, portrait, br. — Lettres de Mme de Villars à Mme de Coulanges (1679-1681). Nouvelle édition avec introduction et notes par A. de Courtois. *Paris*, 1868, 1 vol. gr. in-8 br. — Madame de Pompadour et la Cour de Louis XV au milieu du XVIIIe siècle ; ouvrage suivi du catalogue des Tableaux originaux, etc., etc. *Paris, Plon*, 1867, 1 vol. gr. in-8, avec 1 portrait. Ens. 7 vol.

177 **Condé**. Mémoires de Condé, servant d'éclaircissement et de preuves à l'histoire de M. de Thou. *Londres et Paris, Rollin*, 1743, 5 vol. in-4, avec nombreux portraits, vignettes et plans de batailles, v. pl. — Histoire de Louis de Bourbon, second du nom, prince de Condé et premier prince du sang, contenant ce qui s'est passé en Europe depuis 1640 jusques en 1686, par M. Coste. *La Haye*, 1748, 2 tomes en 1 vol. in-4, avec 3 portraits, rel. v. pl. — Mémoires pour servir à l'histoire de la Maison de Condé. *Paris*, 1820, 2 vol. in-8, rel. Ens. 8 vol.

178 **Coppet et Weimar**. Mme de Staël et la grande Duchesse Louise par l'auteur des Souvenirs de Mme Récamier, Mme veuve Lenormant. *Paris, Lévy*, 1862, in-8, demi-chagr.

179 **Lacour**. Bertrand Du Guesclin. *Paris, Amyot*, 1847, gr. in-8 illustré, rel., dos et coins chagr., non rog., tête peig.

180 **Broglie** (le duc de). Marie-Thérèse, Impératrice, 1744-1746. *Paris, Calmann-Lévy*, 1888, 2 vol. in-8 br., *neufs*.

181 **Lamartine.** Histoire des Girondins ; édition illustrée. *Paris, Le Chevalier*, 1865-1866, 3 vol. gr. in-8, demi-bas.

182 **Marchal** (Gustave). La guerre de Crimée ; ouvrage illustré de 26 gravures par Quesnay de Beaurepaire. *Paris, Didot*, 1889, fort vol. gr. in-8 br., n. c.

183 **Poisson** (le baron). L'armée et la garde nationale de 1789 à 1795. *Paris, Durand*, 1862, 4 vol. in-8, demi-toile chagr.

184 **Pajol** (le général Cte). Les guerres sous Louis XV. *Paris, Didot*, 1881-1884, 6 vol. in-8 br., n. c.

185 **Rothan**. Souvenirs diplomatiques. La France et sa politique en 1867. *Paris, Calmann-Lévy*, 1887, 2 vol. in-8 br., *neufs*.

186 **Histoire** de la République de 1848, par Vict. Pierre. *Paris, Plon*, 1873. — Souvenirs et impressions d'un ex-journaliste, pour servir à l'histoire contemporaine. *Paris, Lévy*, 1856. (Tome 1er seul paru). Ensemble 2 vol. gr. in-8, demi-chag.

187 **Ney** (Le maréchal). Procès devant la Chambre des Pairs de France 1815. Recueil complet des séances. *Paris, Didot*, 1815, très fort vol. in-8 rel.

188 **Histoire** de la mère et du fils, c'est-à-dire de Marie de Médicis, femme du Grand Henry et mère de Louis XIII, par de Mézeray. *Amst., Le Cène*, 1730, in-4, rel. v. pl., dos orné, fil.

189 **Campagnes d'Afrique.** Campagnes de l'armée d'Afrique, 1835-1839, par le duc d'Orléans. *Paris, Lévy*, 1870, fort vol. in-8, avec une carte et un portrait, br. — Précis historique et administ. de la Campagne d'Afrique, par le baron Denniée. *Paris*, 1830, 1 vol. in-8, avec planches, rel. — Relation de la Campagne d'Afrique en 1830, par le marquis de Bartillat. *Paris, Dentu*, 1833, 1 vol. in-8 br. — Lettres d'un soldat, neuf années de Campagnes en Afrique. Correspondance du colonel de Montagnac. *Paris, Plon*, 1885, 1 vol. in-8, br. Ens. 4 vol.

190 **THIERS. HISTOIRE du CONSULAT** et de l'Empire. *Paris, Paulin*, 1845-1861, 20 vol. in-8 br.

191 **GAZETTE DE FRANCE** (La). Année 1762 (origine) à 1780 inclus. 19 vol pet. in-4, rel. pl. v.

192 **Pigeon.** L'Allemagne de M. de Bismarck. *Paris, Giraud*, 1885, fort vol. in-8 br., n. c.

193 **Collection complète** des ouvrages publiés par Benjamin Constant. *Paris*, 1818, 3 vol. in-8, rel.

194 **Bibesco** (Le Prince G.). Histoire d'une frontière, la Roumanie sur la rive droite du Danube. *Paris, Plon*, 1883, 1 vol. avec cartes. - Recueil, Politique, Religion, Duel, par le même. *Paris, Plon*, 1888, 1 vol. Ens. 2 vol. gr. in-8 br., n. c

195 **Mélanges.** 6 vol. in-8 br., (1 en demi-chag. rouge).
Lucien Bonaparte et ses mémoires, par Iung, 3 vol., n. c. — Le comte de Cavour par Ch. de Mazade, 1 vol. — Mémoires du baron de Vitrolles. Tome 1er, 1 vol. — Les Allemands par le P. Didion, 1 vol. rel.

196 **Mélanges.** Les origines de la France contemporaine par Taine. Tome 1er, L'ancien régime. *Paris*, 1876, 1 vol. in-8, demi-bas. — Correspondance secrète inédite sur Louis XVI, Marie-Antoinette, la Cour et la ville de 1777 à 1792, publiée par de Lescure. *Paris, Plon*, 2 vol. gr. in-8 br. — Lettres de Mme Roland aux demoiselles Cannet, publiées par Dauban. *Paris, Plon*, 1867, 2 vol. gr. in-8 br. — Correspondance entre Boileau-Despréaux et Rossette, par Aug. Laverdet ; introduction par J. Janin. *Paris, Techener*, 1858, 1 fort vol. gr. in-8, papier vélin, br. Ens. 6 vol.

197 **Mélanges.** Choses et autres Esquisses, impressions et souvenirs par John Brunton. *Paris, Lemerre*, 1876, 1 vol. cart. — Histoire de la Société Française au XVIIIe et au XIXe siècle par Malpertuy. *Paris*, 1854, 1 vol. br. — Légende du Moyen-âge par Collin de Plancy. *Paris, Plon, s. d.*, 1 vol., couv. hist. et 1 chromolith. — Etudes historiques et philosophiques sur les civilisations, par L. Faliès. *Paris, Garnier, s. d.*, 2 vol. in-8 br. — Les composés qui contiennent un verbe à un mode personnel en latin, en français, en italien et en espagnol, par Meunier. *Paris, Imp. Nat.*, 1876, 1 vol. demi-chagrin.

198 **Guerre de 1870-71,** publiée par les Généraux et les Ministres. *Paris, Plon*, 1871-75, 13 vol. in-8, et atlas in-fol., rel.

199 **Guerre de 1870-71**. Histoire la Révolution de 1870-71 par Jules Claretie. *Paris, s. d.*, 5 vol. in-8 illustrés, demi-bas. rouge, *très propre*. — Rapports militaires par le colonel Stoffel. 1 vol. — La guerre en province pendant le siège de Paris, par Ch. de Freycinet. 1872, 1 vol. — Le colonel Denfert et le siège de Belfort, 1870-71 par Caillé. *Belfort*, 1883, 1 fort vol. — La France et la Prusse avant la guerre par le duc de Gramont. *Paris*, 1872, 1 vol. — L'armée du Rhin, par le maréchal Bazaine. *Paris*, 1872, 1 vol. avec carte. – L'armée française en 1873 par Vinoy. 1 vol. in-8 Brad. — L'armée de Bretagne par de Kératry. 1 vol. demi-chag. rouge. Ens. 12 vol. gr. in-8.

200 **Viollet-le-Duc**. Mémoires sur la défense de Paris, septembre 1870-janvier 1871. *Paris, Morel*, 1871, 1 vol. in-8 br. et atlas in-fol.

201 **Guerres de la Vendée.** Guerres des Vendéens et des Chouans contre la République française. *Paris, Baudoin*, 1825, 3 vol. — De la Vendée militaire par Roguet. *Paris, Corréard*, 1834-1836, 2 vol. br. Ens. 5 vol in-8.

202 **Guerres de la Vendée.** 2 vol. in-8 rel. — Mémoires de Mme la marquise de La Rochejacquelein, avec portraits. — Episodes des guerres de l'Ouest sous la Terreur, par Mme la Comtesse D. de La Rochère. *Paris*, 1856.

203 **Histoire** de la Vendée militaire par Crétineau-Joly. *Paris, Gosselin*, 1843, 4 vol. in-12, rel. demi-v. rouge ébarbé.

204 **Histoire de Dix ans**, 1830-1840 par Louis Blanc. *Paris, Abel Pilon*, 1882, 2 vol. gr. in-8 br., nomb. illustrations.

205 **Niel** (le général). Siège de Sébastopol, journal des opérations du Génie. *Paris, Dumaine*, 1858, 1 vol. in-4 br. et atlas très gr. in-fol. dans un carton.

206 **Livre** des orateurs par Timon, 12e édition. *Paris, Pagnerre*, 1842, fort vol. gr. in-8, avec 27 portraits gravés sur acier, cart., non rog.

DIVERSES

THÉATRE, ROMANS, LIVRES A FIGURES, ETC.

207 **UZANNE** (Oct.). Son ALTESSE la FEMME. *Paris, Quentin*, 1885, gr. in-8 br., n. c., *parf. état*.

208 **Gessner**. Idylles et poèmes champêtres, trad. par Huber. *Lyon, Bruyset*, 1762, pet. in-8, 1 front. et 12 jolis fleurons ou culs-de-lampe gravés par Watelet d'après Lavallée-Poussin, rel.

209 **Delille** (l'abbé). Les jardins. *Paris, Valade, et à Reims chez Cazin*, 1782, in-8, pap. de Holl., 1 titre gr. avec vig. par Laurent, et 1 jolie figure par Cochin gr. par Laurent, rel. pl. v. marb.

210 **Passions** (des), par l'auteur du Traité de l'amitié (Mme d'Arconville). *Londres*, (*Paris*), 1768, in-8, avec 1 fleuron et 1 cul-de-lampe de Tarsis, gr. par Tardieu, et 2 jolies vignettes n. sig., rel. pl. v.

211 **Arnaud** (d'). Fanni, ou la nouvelle Paméla. Histoire anglaise. *Paris*, *L'Esclapart*, 1767, 1 vol. in-8, avec une jolie figure par Eisen, grav. par De Ghendt, 1 vignette et un cul-de-lampe par les mêmes, 1 fleuron sur le titre par Queverdo, gr. par Martinet, rel. veau pl., dos orné.

212 **Arnaud** (D'). Lamentations de Jérémie, odes. *Paris*, *Le Jay*, 1769, in-8, pap. de Holllande, *une fort jolie fig. d'Eisen gr. par Massard*, rel. v. pol., dos or.

213 **BÉRANGER. CHANSONS.** *Paris*, *Baudouin*, 1826, 3 vol. — Chansons de Béranger. *Bruxelles*, 1827, tome 5e, 1 vol. — Chansons inédites de Béranger, octobre 1828. *Paris*, *les marchands de nouveautés*, 1 vol. Album de 84 vignettes. *Paris*, *Baudouin*, 1827, Ens. 6 vol. in-32 br.

214 **Liaisons dangereuses** (Les) (par Choderlos de Laclos). *Genève*, 1792, 4 parties en 2 vol. petit in-12, pl. v., 4 jolies figures.

215 **Régnard**. Œuvres. *Paris*, *Didot*, 1819, 4 vol. in-8, pap. vélin, avec 9 vignettes de Desenne, grav. par Blanchard, Muller et autres, demi-mar. bl.

216 **Œuvres** de Molière. *Paris*, *Compagnie des libraires*. 1730, 8 vol. petit in-12, avec fig., pl. v.

217 **Images** des héros et des grands hommes de l'antiquité, dessinées sur des médailles, des pierres antiques et autres anc. monumens, par Jean-Ange Canini, gravées par Picart le Romain. *Amsterdam*, *Picart et Bernard*, 1731, in-4, rel. v. pl.

218 **VOLTAIRE**. La **PUCELLE D'ORLÉANS**. Poème en 21 chants. *Paris*, *Crapelet*, an VII (1799), 2 vol. in-8, pap. de Holl., avec le portrait d'Agnès Sorel, dessiné et gravé par Gaucher, et 21 jolies figures par Lebarbier, Marillier, Monnet et Monsiau, gravées par Baquoy, Choffard, Delignon, Delvaux, Duhamel, Dupréel, Lemire, Lingée, Malbeste, Patas, Pauquet, Ponce et Romanet, rel. veau marb., dent. sur les plats, dos orné, tr. dor., bon exempl.

219 **Voltaire**. La Pucelle d'Orléans, poème divisé en 20 chants, avec des notes ; nouvelle édition, corrigée, augmentée et collationnée sur le manuscrit de l'auteur. *S. l.*, (*Genève*), 1776, in-8, avec 20 figures non signées, demi-veau.

Première édition avouée par l'auteur. Les gravures sont de Gravelot.

220 **Elégies** de Tibulle, suivies des Baisers de Jean Second, par Mirabeau. *Paris*, *Crapelet*, 1798, 3 vol. in-8, avec le portrait de Mirabeau par Borel, gravé par Voysard, et celui de Sophie par Borel gravé par Elluin, et 13 jolies figures de Borel gravées par Elluin, dont 1 de Marillier gravée par Dupréel ; rel. veau rac., dent. sur les pl., dos orné.

221 **Art d'aimer** (L'), nouveau poème en 6 chants, par M*** ; édition enrichie de figures. *Londres*, *aux dépens de la Compagnie*, 1763, in-8, veau pl.

222 **GRACES** (Les) (par de Querlon). *Paris*, *Laurent Prault*, 1769, in-8. Titre gravé par Moreau, frontispice par Boucher, gravé par Simonet, et 5 fig. par Moreau, gravées par de Launay, de Longueil, Massard et Simonnet, rel. veau pl., (les 50 derniers feuillets sont légèrement atteints d'humidité).

223 **LES BAISERS**, précédés du Mois de mai (par **DORAT**). *A la Haye, et se trouve à Paris, chez Lambert et Delalain*, 1770, in-8, gr. papier de Hollande, avec les titres en rouge, *rel. moderne*, exempl. avec les fautes de pagination dans les premiers feuillets du *Mois de mai*. Bel ouvrage orné d'un front. par Eisen, gravé par Ponce, d'une figure à pleine page par Eisen, gravée par de Longueil, 23 vignettes, 1 fleuron sur le titre et 22 culs-de-lampe par Eisen et Mariller, grav. par Aliamet, Baquoy, Binet, Delaunay, Lingée, de Longueil, Masquelier, Massard, Née et Ponce; haut 230 m/m.

224 **Mélanges.** Théâtre de Figaro par Charles Monselet, avec un rideau dessiné par Voillemot et gravé à l'eau-forte. *Paris*, *Sartorius*, 1861, 1 vol. in-12 cart. — Cimes et vallons, poésies par Aug. de Vaucelle. *Paris*, *Sartorius*, 1865, 1 vol. in-12, dos et coins chag. bleu. — Samuel, roman sérieux par Paul de Musset. *Paris*, *Renduel*, 1833, 1 vol. in-8, avec une fig. de Célest. Nanteuil, demi-chag. rouge. Ens. 3 vol.

225 **Réunion** de 3 vol. gr. in-8 br. Fables, Contes et autres poésies par Valéry Derbigny. *Paris*, *Plon*, 1853, vignettes. — Aventures de Robinson Crusoé par Daniel de Foë, avec illust. par Gavarni. *Paris*, *Laplace et Sanchez*, *s. d.* — Nos grandes écoles militaires et civiles; ouvrage ill. de 169 grav. *Paris*, *Hachette*, 1888.

226 **ELZEVIER**. **PLINII NATVRALIS HISTORIAE**. *Lugd. Batavorum*, *ex-officina Elzeviriana*, 1635, 3 vol. pet. in-12, maroquin vert pl., dos orné, tr. dorée.

Exemplaire mesurant 120 mill. dans une reliure aux armes de l'abbé de Choiseul Stainville, « frère du ministre, » plus tard archevêque de Cambrai. Cette édition de Pline, la seule que les Elzeviers aient publiée, a été revue par Jean de Laet. Elle passe à bon droit pour un de leurs chefs-d'œuvre.

227 **Elzevier**. Lot de 20 vol., parchemin.

VOYAGES

ALGÉRIE, AFRIQUE, AMÉRIQUE, ASIE, COLONIES, ETC.

228 **Guinot** (Eug.). L'été à Bade, illustré par T. Johanot, Eug. Lami, etc.; 4e édit. précédée d'une notice sur l'auteur par Jules Janin. *Paris*, *Bourdin*, *s. d.*, gr. in-8 br., couv. hist.

229 **Algérie**. L'Afrique française, l'Empire de Maroc et les déserts de Sahara par Christian, vignettes par Philippoteaux, Johannot, Bellangé, Lamy, etc. *Paris*, *Barbier*, *s. d.*, 1 vol. gr. in-8, demi-bas., fig. color. — Histoire de l'Algérie française par Leynadier et Clausel, illustrée par Guérin et Ramus. *Paris*, *Morel*, 1846, 2 vol. gr. in-8, fig. coloriées, demi-bas. — La question d'Alger, politique, colonisation, commerce, par Desjobert. *Paris*, *Dufart*, 1837, 1 vol. Ens. 4 vol. rel.

230 **Algérie**. Esquisse de l'Etat d'Alger par Will. Shaler. *Paris, Ladvocat*, 1830, 1 vol. avec 1 plan. — Projet de colonisation pour les provinces d'Oran et de Constantine, par les lieutenants généraux de La Moricière et Bedeau. *Paris, Imprimerie Royale*, 1847, 1 vol. — L'Algérie pour les Algériens par G. Voisin. *Paris, Lévy*, 1861, 1 vol. *avec une lettre autog. ajoutée*. — Mercier. L'Algérie en 1880, 1 vol. — Les idées napoléoniennes en Algérie, par Fourmestraux. *Paris, Challamel*, 1866, 1 vol. — Le Sahara algérien par Daumas. 1 vol. — La grande Kabylie, par Daumas et Fabar. 1 vol. Ens. 7 vol. in-8 br.

231 **Algérie**. Le Sahara algérien, par Daumas. *Paris*, 1845, 1 vol. — L'Algérie traditionnelle, par Certeux et Carnoy. *Paris, Maisonneuve*, 1884, 1 vol. (tome 1er). — L'Algérie en 1880. *Paris*, 1 vol. — De l'établissement des Français dans la Régence d'Alger, par Genty de Bussy. *Paris, Didot* 1835, 2 vol. — Recherches sur les roches, les eaux et les gîtes minéraux des provinces d'Oran et d'Alger, par Ville, ingénieur. *Paris, Impr. Nat.* 1852, 1 vol. in-4 avec 4 planches. Ens. 6 6 vol. in-8 br.

232 **Algérie-Tunisie**. Vingt-six mois de séjour à Bougie, par Lapène. *Paris*, s. d., 1 vol. in-8 avec pl. br. — Considération sur la Régence d'Alger par le baron Juchereau de Saint Denys. *Paris*, 1831, 1 vol. in-8 br. — Histoire de l'Algérie par Galibert. *Paris, Furne*, 1843, fort vol. gr. in-8 avec fig. n. et coloriées, demi-bas. — Projet de colonisation pour les provinces d'Oran et de Constantine, par les lieutenants-généraux de La Moricière et Bedeau 1847, 1 vol. in-8 br. — Le nouveau Testament, texte arabe. 1 fort vol. in-8 rel. — Etude sur l'insurrection du Dhara, (1845-46) par Richard. *Alger*, 1846, 1 vol. in-8 br. — Etudes sur les ports de l'Algérie par Lieussou. *Paris, Dupont*, 1857, 1 vol. in-8, avec 16 pl. br. — Les Arabes dans l'Afrique centrale par Burdo. *Paris, Dentu*, 1885, br. in-8 (2 ex.). — Principes du droit des gens par Boutras, trad. de l'indoustan en arabe, par Moulavie Hossein Ally Khan. 1845, manuscrit arabe, in-4 rel. — Politique de la France en Algérie. *Paris, Imp. Imp.*, 1865, br. gr. in-4 *(rédigé par l'Empereur, non mis dans le commerce)*. — Commission supérieure pour l'examen du projet de mer intérieure dans le sud de l'Algérie et la Tunisie, par le commandant Roudaire. 1882, fort vol. gr. in-4 avec une grande carte. — Principes de l'idiome arabe en usage en Algérie, par Delaporte. *Alger*, 1839, 1 vol. in-8 rel. (2 ex.) Ens. 11 vol. et 3 br.

233 **Algérie**. Etude sur la décentralisation générale de l'Algérie. *Bone*, 1881, 1 vol. — Algérie et Tunisie, esquisse géographique, par Laplanche *Paris*, 1885. — Etudes de pathologie algérienne, par Vital. *Paris*, 1880, 1 vol. — Histoire de l'établissement des Arabes dans l'Afrique septentrionale, par Mercier. *Constantine*, 1875, 1 vol. gr. in-8 avec cartes. — Les chemins de fer algériens, par Hamel. *Alger*, 1885, 1 vol. gr. in-8. Ens. 5 vol ou br. in-8.

234 **Egypte**. Soliman-Pacha (colonel Sève), généralissime des armées égyptiennes, ou histoire des guerres de l'Egypte de 1820 à 1860. *Paris, Didot*, fort vol. gr in-8, port. — Les sources du Nil, Journal de voyage du capitaine John Hanning Speke, trad par Forgues. 2e éd. avec cartes et dessins. *Paris, Hachette*, 1865, fort vol. gr. in-8. — L'Egypte, son avenir agricole et financier, notes et documents sur la richesse et la fécondité du sol, par Paponot. *Paris, Baudry*, 1884, gr. in-8, 19 pl. Ens. 3 vol. in-8 br.

235 **Egypte** Le Fellah, souvenirs d'Egypte par About. *Paris, Hachette*, 1869, 1 vol. in-8, demi-chag. v. — Discovrs svr les cavses du desbordement dv Nil, par M. de la Chambre. *Paris, chez Jacqves Dallin*, 1665, 1 vol. petit in-4, veau — Mahomet et l'Islam, étude historique par Imberdis. *Paris, Simon*, 1876, 1 vol. in-8 br. — L'Egypte au XIXe siècle. Histoire de Méhémet-Ali, Ibrahim-Pacha, Soliman-Pacha (colonel Sève), par E. Gouin, illustrée de gravures peintes à l'aquarelle d'après les originaux de J.-A. Beaucé. *Paris, Boizard*, 1847, 1 vol. gr. in-8, demi-chag. rouge, pl. toile (20 pl. en couleurs), *quelques taches de rousseur*. — Description historique et géographique de la plaine d'Héliopolis et de Memphis, avec 3 planches. *Paris, Duchesne*, 1755, 1 vol. in-12, v — Description des Pyramides de Ghizé, de la ville du Kaire et de ses environs, par Grobert chef de brigade d'artillerie. *Paris*, an IX (1801), 1 vol. in-4 br. (*taches d'encre aux planches*). Ens. 6 vol.

236 **Egypte**. L'Egypte, les Turcs et les Arabes, par Gisquet. *Paris, Amyot*, s. d. 2 vol. in-8. — La vérité sur la Syrie et l'expédition française, par Poujoulat. *Paris, Gaume*, 1861, fort vol. in-8. — Lettres sur l'Egypte par Barthélemy Saint-Hilaire. *Paris, Lévy*, 1856, 1 vol. in-8. — Voyages en Egypte et en Nubie, par Belzoni, trad. par Depping. *Paris*, 1822, 2 vol. in-8, port et carte. — Documents diplomatiques, affaires d'Egypte 1880. — Id. 1881. — Id. 1870-1881. *Livre jaune des Chambres*, in-4, cartes. — Voyage de S. M. l'Impératrice sur le Nil. Itinéraire et notes. *Caire*, 1869, plaquette in-fol. Ens. 14 vol. ou br.

237 **Description** de l'Egypte. *Paris, Panckouke*, 1821, 22 vol. in-8 br. (manque tomes 10 et 22 et partie du tome 16).

238 **Afrique. Voyages**. Voyage dans l'Afrique occidentale pendant les années 1818-1821, par le major W. Gray et Dochard, trad. par Mme Huguet. *Paris*, 1826, 1 vol. — Naufrage de la frégate la Méduse, par A. Corréard et Savigny. *Paris*, 1818, un vol., port. en couleurs. — Voyage aux îles de la mer du Sud en 1827 et 1828, et relation de la découverte du sort de la Pérouse, par le capitaine Dillon. *Paris, Pillet*, 1830, 2 vol. avec gravures et carte. — Voyage en Arabie par Tamisier. *Paris*, 1840, 2 vol. — Voyage dans l'intérieur de l'Afrique, 1781-1797, par Damberger, trad. Delamarre. *Paris*, an IX (1801). 2 vol. in-8, fig. et carte, rel. — Voyage au Ouadây par le cheykh Mohamed Ibn-Omar El-Tounsy, trad. de l'arabe par le docteur Perron. *Paris, Duprat*, 1851, fort vol. et atlas. Ens. 10 vol. gr. in-8 br.

239 **Voyages**. La conquête blanche; voyage aux Etats-Unis d'Amérique par Hepworth Dixon, trad. de l'anglais par Vattemare, illustré de 118 gr. et 2 cartes. *Paris, Hachette*, 1877, un vol. — L'expédition du Tegetthoff, voyage de découvertes aux 80e et 83e degrés de latitude nord, par Payer, trad. de l'all. par Gourdault, illustré de 68 gr. et 2 cartes. *Paris*, 1878, un vol. Ens. 2 forts vol. gr. in-8 br.

240 **Demidoff** (A. de). Voyage dans la Russie et la Crimée, 84 dessins de Raffet. *Paris, Bourdin*, 1840, gr. in-8, dos et coins, v. f.

241 **Barthélemy**. Voyage du jeune Anacharsis en Grèce. *Paris, Didot jeune*, l'an VII (1799), 7 vol. in-4 et atlas in-fol. avec le port., demi-veau. (Bel exempl. papier vélin.)

242 **Pouqueville**. Voyage de la Grèce avec cartes et fig. *Paris, Didot*, 1826, 6 vol. in-8 demi-v.

243 **Fontane** (Marius). Histoire universelle. Inde Védique (de 1800 à 800 av. J.-C.). *Paris, Lemerre*, 1881, gr. in-8 br.

244 **Orient**. Linguistique. Dictionnaire Français-Turc, par Mallouf, *Paris, Maisonneuve*, 1856, fort vol. in-12 br. — Provinces Danubiennes, Serbie et Monténégro, par Chopin. Valachie et Moldavie, par Ubicini. — Histoire et Géographie de ces contrées. *Paris, Didot, s. d.*, fort vol. in-8 avec 44 pl., br. — Voyage historique et politique au Monténégro, par le colonel Vialla de Sommières. *Paris*, 1820, 2 vol. avec 12 gravures coloriées et 1 carte. — Une année dans le Levant. Voyage en Sicile, en Grèce et en Turquie, par le Vte de Valon. *Paris*, 1850, 1 vol. demi-chag. rouge. - Vocabulaire de quelques mots latins expliqués en roumain et en français, par l'Archimandrite Josaphat Snagovano. *Paris, s. d.*, 1 fort vol. autographié. — Grammaire Serbo-Croate, par Parcic. *Paris, Vieweg*, 1877, 1 vol. br. — Retour d'un voyage en Orient par Malte, la Sicile et l'Italie, par Fleutelot. *Paris*, 1837, 1 vol. br. Ensemble 8 vol.

245 **Voyages**. Voyage autour du monde, par Roger de Beauvoir. *Paris, Plon*, 1871-1873. 3 vol. in-12. — Premiers pas dans l'Afrique orientale, par le capitaine Burton. *Bruxelles*, 1857, 1 vol. in-16 br. — Six semaines en Afrique, souvenirs d'un voyage par Thierry-Mieg. *Paris, Lévy*, 1862, in-12, avec une carte et 9 dessins, br. — Mers de Chine, par Brandat, 1872, in-12 br. — La Chine en miniature ou choix de costumes, arts et métiers de cet Empire par Breton. *Paris, Nepveu*, 1811, 4 tomes en 2 vol. in-16, rel., nombreuses et jolies figures. — Les déserts africains, aventures extraordinaires d'un homme, d'un singe et d'un éléphant, par Armand Lapointe. *Paris, Plon*, 1878, 1 vol. gr. in-8, illustré de plus de cent dessins, br. Ensemble 9 vol.

246 **Madagascar**. Réunion de 3 ouvrages. Madagascar par R. Postel. *Paris, Challamel*, 1886, 1 vol. in-12, 5 cartes, br — Histoire et géographie de Madagascar, par Macé Descartes. *Paris, Bertrand*, 1846, in-8, carte, br. — Connaissance de Madagascar, par Lacaille. *Paris, Dentu*, 1863, gr. in-8 rel. Ensemble 3 vol.

247 **Madagascar**. Histoire de Madagascar, ses habitants et son histoire, par le P. de La Vaissière. *Paris, Lecoffre*, 1884, 2 forts vol. — Souvenirs de Madagascar, par le Dr Lacaze. *Paris, Berger-Levrault*, 1881, 1 vol. avec 1 carte et 1 pl. (*trou de clou aux 20 premières pages*).

248 **Bonnefoux et Paris**. Dictionnaire de marine à voile et à vapeur. 2 forts vol. gr. in-8, demi-chag. *Dernière édition.*

249 **Guérin**. Les navigateurs français. Histoire des navigations, découvertes et colonisations françaises. *Paris, Belin Leprieur et Morizot*, 1847, gr. in-8, portraits en pied, rel.

250 **Marguerit**. Deux ans de navigation. Exploration de l'amiral Chérétof sur la corvette le St-Nicolas. *Paris, Lefèvre, s. d.*, fort vol. gr. in-8, demi-maroq. rouge, pl. toile, tr. dor.

251 **Marine**. Recherches Hydrographiques sur le régime des côtes. rédigé par MM. les Ingénieurs hydrographes. *Paris, Imp. Nationale*, 1877-1880. Cahiers 6 à 10 inclus. Ensembe 5 vol. in-4 et 1 atlas in-fol., br.

252 **Chine-Tonkin.** La question du Tonkin, par Deschanel. *Paris, Berger-Levrault*, 1883, in-12. — Les commencements de l'Indo-Chine française par Septans. *Paris, Challamel*, 1887, in-8. — Tableau de la Cochinchine par Cortembert et de Rosny. *Paris, Le Chevalier*, 1862, gr. in-8 avec carte, pl. et grav. — Négociations entre la France et la Chine en 1860. Livre jaune du Baron Gros. *Paris, Dumaine*, 1864, in-4. Ensemble 4 vol. br.

253 **Chine-Cochinchine-Annam.** Réunion de 7 ouvrages (sur). L'Annam et le Cambdoge, voyages et notices historiques avec 1 carte, par Bouillevaux. *Paris*, 1874, 1 vol. in-8 br. — La Chine ouverte, par Old Nick, illustré par Aug. Borget. *Paris, Fournier*, 1845, 1 vol. in-8 rel. — La Chine, par Davis, traduit de l'anglais par Pichard. *Paris, Paulin*, 1837, 2 vol. in-8, illust., br. — La Cochinchine contemporaine, par Bouinais et Paulus, avec une carte. *Paris, Challamel*, 1884, 1 vol. in-8 br. — Les premières années de la Cochinchine, colonie française, par Vial. *Paris, Challamel*, 1874, 2 vol. in-18 br. — Cochinchine française et royaume du Cambdoge, avec une carte, par Lemire. *Paris, Challamel*, 1877, in-12 br. — Journal de mon 3e voyage d'exploration dans l'Empire chinois, 3 cartes par l'abbé Armand David. *Paris, Hachette*, 1873, 2 vol. in-12 br. Ensemble 10 vol. in-8 ou in-12.

254 **Tonkin — Chine.** L'affaire du Tonkin. Histoire diplomatique de l'établissement de notre protectorat sur l'Annam (1882-1885), par un diplomate. *Paris, Hetzel*, 1 vol. in-8. — Le Consulat de France à Hué, sous la Restauration, par H. Cordier. *Paris, Leroux*, 1884, 1 vol. gr. in-8. — Notes sur le Japon, la Chine et l'Inde, par le baron de Chassiron. *Paris, Dentu*, 1861, 1 vol. gr. in-8. Ens. 3 vol. br.

255 **Japon.** Bibliographie japonaise, ou catalogue des ouvrages relatifs au Japon, par Pagès. *Paris, Duprat*, 1859, in-4 de 70 pages, papier de Holl. — Cérémonies usitées au Japon, pour les mariages et les funérailles, par feu M. Titsingh. *Paris, Nepveu*, 1819, 2 vol. in-8, dont un de planches gravées. — Le Japon contemporain, par E. Fraissinet. *Paris, Hachette*, 1857, in-12, rel. Ens. 4 vol. rel. ou br.

256 **Amérique. — Afrique.** Colonies et autres. 10 vol. in-12, br.

257 **Amérique** Voyage à la Martinique (par Thibault de Chanvalon). *Paris, Bauche*, 1763, 1 vol. in-4, avec 1 carte, rel. v. — Voyage dans l'intérieur des Etats-Unis pendant l'été de 1791, par Bayard. *Paris, an VI* (1798), 1 vol. in-8, br. — Aperçu statistique de l'Ile de Cuba, par Huber. *Paris, Dufart*, 1826, 1 vol. in-8, 1 carte br. — Puissance militaire des Etats-Unis d'après la guerre de la sécession. 1861-1865, par Vigo Roussillon. *Paris, Dumaine*, 1866, 1 fort vol. in-8, avec 4 cartes, br. — Huit mois en Amérique, lettres et notes de voyage, 1864-65, par Duvergier de Hauranne. *Paris*, 1866, 2 vol. in-12, br. — Mexique et Californie. Souvenirs et description par E. Castet. *Paris, Chellamel*, 1886, in-18, br. — Notice sur les Indiens de l'Amérique du Nord, par Vail. *Paris, Bertrand*, 1840, 1 vol. in-8, avec 4 portraits coloriés. *Manque la carte, déchirure au feuillet 213.* — L'armée américaine pendant la guerre de la sécession, par le général de Chanal. *Paris*, 1872, in-8, avec pl. et fig., br. — Le maréchal de camp Desandrouins, 1719-1792. — Guerre du Canada. 1756-1760. — Guerre de l'indépendance américaine, 1780-1782, par l'abbé Gabriel. *Verdun*, 1887, 1 fort vol. in-8, br. Ens. 10 vol.

258 **Amérique**. Journal d'un missionnaire au Texas et au Mexique, par Domenech, 1846-1852. *Paris, Gaume*, 1857, 1 vol. rel. — Les Etats-Unis d'Amérique en 1863, par John Bigelow. *Paris, Hach*, 1863, 1 vol. rel. — Vie de Christophe Colomb, par le baron de Bonnefoux. *Paris, Bertrand, s. d.*, 1 vol. demi-chag. rouge. — De la France et des Etats-Unis, ou de l'importance de la Révolution de l'Amérique, pour le bonheur de la France, par E. Clavière et Brissot. *Liège*, 1791, 1 vol. cart. — Voyage aux Etats-Unis d'Amérique, par Miss Wright, trad. par Parisot. *Paris*, 1822, 2 vol. rel. — L'armée américaine pendant la guerre de la sécession, par le général de Chanal. *Paris*, 1872, 1 vol., avec fig. et pl. — La conquête de la Pampa. Recueil de documents relatifs à la campagne du Rio Negro, par Manuel Olas Coaga. *Buénos-Aires*, 1881, 1 vol. gr. in-8, avec 1 carte, br. Ens. 8 vol. in-8.

259 **Amérique**. Histoire de la Révolution d'Amérique, par rapport à la Caroline Méridionale, par David Ramsay. *Londres et Paris*, 1787, 2 vol. in-8, avec carte et pl., demi-bas. — Les Français en Californie, par Daniel Lévy. *San Francisco*, 1885, 1 vol. in-8, br. — Avenir de la Guyane Française, par Chaton. *Paris*, 1865, br. in-8. — Voyage à Terre-Neuve, par le comte de Gobineau. *Paris, Hachette*, 1861, 1 vol. in-12, rel. — Un déporté à Cayenne. Souvenirs de la Guyane, par A. Jusselin. *Paris*, 1865, 1 vol. in-12, rel. Ens. 6 vol.

260 **Amérique — Brésil**. Voyages dans l'intérieur du Brésil, particulièrement dans les districts de l'or et du diamant, par Mawe, trad. de l'angl. par Eyriès. *Paris, Gide*, 1816, 2 tomes en 1 vol. in-8, rel. bas., carte et fig. — France et Brésil, par Dutot. Notice sur Dona Francisca, par Aubé. *Paris, Guillaumin*, 1857, 1 vol. in-12, avec 1 carte. — Notice sur les Indiens de l'Amérique du Nord, par E. Vail. *Paris, Bertrand*, 1840, 1 vol. in-8, 4 portraits coloriés et 1 carte, demi-bas. — Le Brésil, par Ch. Reybaud. *Paris, Guillaumin*, 1856, 1 vol. in-8, br. — Promenades à travers l'Amérique du Sud, par le comte de Gabriac. *Paris, Lévy*, 1868, 1 vol. gr. in-8, 21 gr. et 2 cartes, demi-chag. m. Ens. 5 vol.

261 **Colonies**. Notes sur l'organisation des Colonies, par P. Dislère. *Paris, Dupont*, 1888, 1 vol. — La France aux colonies. Les Français en Amérique, Acadiens et Canadiens, par Rameau. *Paris*, 1859, fort vol. — Notices statistiques sur les colonies françaises. *Paris, Berger-Levrault*, 1884, 1 vol. Essai de statistique raisonnée sur les colonies européennes des Tropiques, par de Montvéran. *Paris*, 1833, 1 vol. — La Polynésie et les Iles Marquises. Voyages et marine, par Reybaud. *Paris, Bertrand*, 1 vol. Ens. 6 vol. gr. in-8, br.

OUVRAGES

SUR PARIS ET LES PROVINCES

262 **Registre** des délibérations et ordonnances des marchands merciers de Paris, 1596-1696. Manuscrit incendié aux Archives de la ville, le 24 mai 1871, reconstitué avec préface et notes appendices par Saint-Joanny. *Paris*, *Willem*, 1878, 1 vol. in-8, papier de Hollande, br. (3 exemplaires).

263 **Histoire** des **salons** de **Paris**. Tableaux et portraits du grand monde sous Louis XVI, le Directoire, le Consulat et l'Empire, etc., par la duchesse D'ABRANTÈS. *Paris, Ladvocat*, 1837-1838, 6 vol. in-8, demi-maroq. vert, n. rog.

Très bel exempl. provenant de la Bibliothèque de M. de Mandre, auquel on a ajouté une lettre autographe signée de la duchesse d'Abrantès, relative à son traité avec son éditeur, et son portrait photog.

264 **Histoire** de St-Aubespin-en-Jarez (Forez) avec notes, par Minjolat de la Porte. *Grenoble*, 1874, in-8, rel. *Ouvrage non mis dans le commerce.*

265 **Lorraine**. Metz et Thionville sous Charles-Quint, par Rahlenbeck. *Bruxelles*, 1881, 1 vol. — La guerre de Metz en 1324. Poème du XIVe siècle, publié par de Bouteiller, anc. député de Metz, suivi d'études critiques sur le texte, par Bonnardot, et précédé d'une préface par Gautier. *Paris, Didot*, 1875, 1 vol. orné de grav. Ens. 2 vol. in-8, br.

266 **Alsace**. Lettres sur les archives départementales du Bas-Rhin, par Louis Spach. *Strasbourg*, *Piton*, 1862, gr. in-8 br.

267 **Fezensac** (le duc de). Histoire de la Maison de Montesquiou-Fezensac. *Paris, Guiraud et Jouaust*, 1847, in-8, avec blasons dans le texte, br.

268 **PASQVIER**. Les **RECHERCHES** de la **FRANCE** d'Estienne Pasqvier. *Paris, chez Laurent Sonnius*, 1610, fort vol. pet. in-4, avec portrait, v., *rel. fatig.*

269 **Province**. Bibliographie douaisienne par Duthillœul, bibliothécaire de la ville de Douai (Nord). *Paris*, *Techener*, 1835, 1 vol. in-8, avec portrait, Bradel. — Les sept sièges de Lille (en Flandre) par Brun-Lavainne et G. Brun. *Lille*, 1838, 1 vol. gr. in-8, avec 3 plans de la ville, br. — Les sièges d'Arras, histoire des expéditions militaires dont cette ville et son territoire ont été le théâtre, par Achmet d'Héricourt. *Paris*, *Dumoulin*, 1845, 1 vol. gr. in-8 br. — Mémoires sur les négociations dans le Nord de 1679 à 1719, par de Campredon. *Paris*, *Didier*, 1864, br. in-8, pap. de Holl., tirée à petit nombre. — La guerre dans le Nord (1870-71), par Bouchet. *Lille*, 1873, br. in-8. — Campagne de l'armée du Nord en 1870-71, par le général Faidherbe. *Paris*, 1871, 1 vol. in-8, avec carte, br. Ens. 6 vol. in-8 br.

270 **Province.** Notice historique et statistique sur La Réole (Languedoc) par Dupin. *La Réole*, 1839, 1 vol. — Lettres archéologiques sur Marseille, par Lautard. *Marseille*, 1844, 1 vol. — Histoire des projets pour l'agrandissement, les fortifications et la rade du Havre, depuis 1837, par Ch. de Massas. *Paris*, *Dumaine*, 1846, 1 vol. avec 2 plans. — Recueil des antiquités Bellovaques conservées dans le cabinet de M. Houbigant, 1re partie Epoque Celtique. *Beauvais*, 1860, 1 vol. gr. in-8, planches et figures. — Chapitres de l'histoire de Lille (en Flandre) par Houdoy. *Lille*, 1872, 1 vol. gr. in-8. Ens. 5 vol. in-8 br.

271 **Province.** Histoire de la ville de Sainte-Menehould, par Burette, avec un portrait, 1 carte et 3 plans de la ville. *Sainte-Menehould*, 1837, 1 vol. in-8, demi-bas. — L'antique cité de Moret-sur-Loing (Seine-et-Marne), par l'abbé Pougeois. *Paris*, *Pougeois*, 1875, 1 vol. in-8 br. Ens. 2 vol.

272 **Province.** Histoire abrégée du Comté de Bourgogne. *Besançon*, 1780, 1 vol. in-12 rel. — Histoire d'Aiguemortes par Di Pietro. *Paris*, *Furne*, 1849, 1 vol. in-8, 1 carte et 2 gravures, br. — Chronique du Morvan, 1396. *Paris*, 1850, 1 vol. — Meillant sous Louis XII par le G. de Mortemart. *Paris*, 1 vol., les deux ouvrages en 1 vol. demi-chag. Ens. 3 vol.

273 **Proust** (Ant). Archives de l'Ouest, recueil de documents concernant l'histoire de la Révolution 1789-1800, dans le Poitou, l'Aunis, la Guyenne et la Bretagne, l'Anjou, le Maine, l'Angoumois et le Berry. *Paris*, *Lacroix Verboeckhoven*, 1867-68, 5 vol. gr. in-8 br.

274 **Province.** Antiquités de Noyon, par Moët de La Forte-Maison. *Rennes*, 1845, 1 vol. avec planches, rel. — Mémoires pour servir à l'histoire de la ville de Toulon en 1793, rédigés par Pons. *Paris*, 1875, in-8, port., (mouil.), br. — Les Paraiges Messins, étude sur la république messine du XIIIe au XVIe siècle, par Klipffel. *Metz*, 1863, 1 vol. in-8 br. — Notice biog. sur Roland Delattre, connu sous le nom d'Orland de Lassus, par Delmotte. *Valenciennes*, 1836, 1 vol. gr. in-8, avec 1 portr., br. — La Saintonge et l'Aunis à l'Académie, J. Ogier de Gombauld 1570-1666. *Paris*, *R. Kerviller. Paris*, *Aubry*, 1876, br., gr. in-8, tiré à 100 exempl. Ens. 5 vol.

275 **Paris.** Dictionnaire historique, topographique et militaire de tous les environs de Paris, par P.-St.-A... 1816, fort vol. in-12, rel. — Les rues et églises de Paris vers 1500. — Une fête à la Bastille en 1508. — Le supplice du maréchal de Biron, publiés par Bonnardot. *Paris*, *Willem*, 1876, 1 vol. in-8, papier de Hollande, tiré à 350 exempl. notés. — Registre des délibérations et ordonnances des marchands merciers de Paris, 1596-1696, manuscrit incendié aux archives de la ville, le 24 mai 1871, reconstitué et publié par Saint-Joanny. *Paris*, *Willem*, 1878, 1 vol. in-8, papier de Hollande, tiré à 350 exempl. notés (2 exempl.). — Notice sur un plan de Paris du XVIe siècle par Cousin. *Paris*, 1875, br. in-8. — Un coup d'œil dans Paris, ou observations sur des objets d'art et de goût, par le vicomte de Vaublanc. *Paris*, 1861, br. in-8. — Recueil des Chartes, créations, et confirmations des colonels, capitaines, majors, officiers, arbalestriers, archers, arquebusiers et fusiliers de la ville de Paris, par Hay, colonel des Gardes. *Paris*, *Guillaume Desprez*, 1770, 1 vol. gr. in-4, gr. papier demi-parchemin.

276 **Vaudois**. Recherches historiques sur la véritable origine des Vaudois. *Paris, Périsse*, 1836, 1 vol. in-8. — Mémoires de Pierrefleur, Grand Banneret d'ordre, où sont contenus les commencements de la réforme dans la ville d'Orbe et au pays de Vaud (1530-1561), publiés par Verdeil. *Lausanne*, 1846, in-8. Ens. 2 vol. br.

277 **Thierry** (Amédée). Histoire de la Gaule sous la domination des Romains. *Paris, Didier*, 1866, 2 vol. — Histoire d'Attila et de ses successeurs par le même. *Paris, Didier*, 1856, 2 vol. Ens. 4 vol. in-8, demi-veau.

278 **Antiquités** de Vésone, cité Gauloise, remplacée par la ville actuelle de Périgueux, précédées d'un essai sur les Gaulois, par le maréchal de Camp comte Wilgrin de Taillefer. *Périgueux, Dupont*, 1826, fort vol. gr. in-4 br. Tome 2e, avec 24 planches grav.

279 **Description** du Jubilé de 700 ans de St-Macaire, patron particulier contre la peste, qui sera célébré dans la ville de Gand capitale de la Flandre, à commencer le 30 de mai jusqu'au 15 juin 1767, avec le détail ultérieur des cérémonies, solennités, cavalcade, ornemens et des feux d'artifice, etc. Le tout enrichi de figures. *Gand, Jean Meyer, s. d.*, (1767), in-4, cart.

280 **Londres pittoresque**. Album par Faustin, texte par Roger Dalton. *Paris, Franklin, s. d.*, plaq. in-4 br.

ARTS ACADÉMIQUES, ÉQUITATION, ESCRIME, CHASSES, GYMNASTIQUE, JEUX, ETC.

---

281 **Chasses**. Manuel du Veneur, contenant les tons et les fanfares de la chasse, par Tellier. *Paris, s. d.*, 1 vol. gr. in-8 oblong, demi-chag. — Dictionnaire théorique et pratique de chasse et de pêche (par Delisle De Sales). *Paris, Musier*, 1769, 2 vol. in-12, veau pl. Ens. 3 vol.

282 **Chasse** (La) au lion, par Jules Gérard. *Paris, Librairie Nouvelle*, 1855, 1 vol. gr. in-8, 1 portrait et 11 compositions de G. Doré, grav. par Prud'hom, demi-chag. n., pl. toile, tr. dor. (Q.q. taches de rousseur).

283 **Chasses**. Le chien, son histoire, ses exploits, ses aventures, par A. Barbou. *Paris, Jouvet*, 1883, 1 vol. gr. in-8, 87 compositions par Bayard, Couturier, etc., demi-chag. mar. — Le Livre du Chasseur, par Charles Diguet. *Paris, Bayard, s. d.*, 1 vol. gr. in-8, figures, br. Ens. 2 vol.

284 **Chasses**. Chasse à tir, moyens pratiques et but, trad. de l'anglais d'après James Dalzial Dougal, par le vicomte de Hédouville. *Paris, Plon*, 1880, 1 vol. — Guide pratique du Chasseur, par Gaëtan de La Tour. *Paris, Sanchez, s. d.*, 1 vol. — La chasse à tir en France, par Viardot. *Paris, Hach.*, 1854, 1 vol. — Droit de destruction des animaux malfaisants ou nuisibles et dela Louveterie, par Villequez. *Paris, Hach*, 1867, 1 vol. — Chasse au chien d'arrêt; gibier à plumes par Chenu. *Paris, Picard*, 1865, 1 vol. avec 89 pl. et 19 vign. — La chasse en plaine, au bois, au marais, ou guide du petit chasseur, par E. Nodot. *Paris, Levasseur*, 1885, 1 vol. in-8, avec fig. br. — Le Lévrier et son sport, par A. de Sauvenière, avec préface de Florian Pharaon, et 12 dessins de E. Perboyre, gravés à l'eau-forte par Carred. *Paris, Lévy*, 1881, 1 vol. in-16 brad. Ens. 7 vol.

285 **Chasses**. Chapus. Les soirées de Chantilly. *Paris, Lib. nouv.*, 1855, 1 vol. in-16 br. — Les chasses princières en France, par le même. *Paris, Hach.*, 1853, 1 vol. in-12 rel., (cachet). — La chasse à tir en France par J. Lavallée. *Paris, Hach.*, 1854, 1 vol., avec 30 vign. par Grenier. — Du chien de chasse (chien d'arrêt), par le Baron de Lage de Chaillou, de la Rue, Marquis de Cherville. *Paris, Goin, s. d.*, 1 vol. in-12, avec vig.; les 2 ouvrages en 1 vol., rel. demi-parch. — Souvenirs de chasse par Viardot. *Paris, Hach.*, 1854, 1 vol. in-12 br. — Le chasseur rustique, par A. d'Houdetot. *Bruxelles*, 1848, 1 vol. in-12 br. —Le poulailler, par Jacque. *Paris, Lib. agric.*, s. d., 1 vol. in-12, nomb. gr., br. — Le lévrier et son sport, par A. de Sauvenière, avec préface de Florian Pharaon et 12 dessins de E. Perboyre, gravés à l'eau-forte par Carred. *Paris, Lévy*, 1881, br.

286 **Chasses.** Le chasseur-médecin, ou traité complet sur les maladies du chien, par Francis Clater, trad. de l'anglais. *Paris, Mathias*, 1836, 1 vol. in-16, demi-veau. — La chasse à tir en France, par Lavallée. *Paris, Hach.*, 1856, 1 vol. in-12 br. — Les chasses princières en France de 1589 à 1841, par Chapu. *Paris, Hach.*, 1853, 1 vol. in-12 br. (cachets). — La fauconnerie au Moyen-âge et dans les temps modernes, par Magaud d'Aubusson. *Paris, Ghio*, 1879, 1 vol. in-8 br. — Manuel de la conservation du gibier par l'extirpation du braconnage, par le capit. Darwin. *Bruxelles, s. d.*, 1 vol. in-8 br. Ens. 5 vol.

287 **PLVVINEL. L'INSTRVCTION DV ROY en L'EXERCICE de MONTER à CHEVAL**, par Messir Antoine de Plvvinel, escuyer de S. M. *Imprimé à Paris, aux dépens de Crispin de Pas le vieux, à Vtrecht*, 1629, suite de 1 titre et 54 planches in-fol. oblong, bien gravées. *Rare.*

288 **EISEMBERG** (Le baron d'). **DESCRIPTION DU MANÈGE MODERNE** dans sa perfection, expliqué par des leçons nécessaires et représenté par des figures exactes, depuis l'assiette de l'homme à cheval jusqu'à l'arrest. Accompagné aussi de divers mords pour bien brider les chevaux; écrit et dessiné par d'Eisenberg et gravé par Bernard Picard. *Amsterdam et Leipzig*, 1746, in-fol. oblong, rel., texte allemand, 59 planches. *Bel exemplaire.*

289 **Equitation**. 2 vol. in-8, demi-chag. rouge.

De l'équitation et des haras, par le Cte Savary de Lancosme-Breves, 1843, avec port. — Les chevaux du Sahara par le Général Daumas, 1851.

290 **EISENBERG** (Le baron d'). **ANTI-MAQUIGNONNAGE,** pour éviter la surprise dans l'emplette des chevaux. *In Firenze*, 1753, 1 vol. in-fol., br., n. rog., nombreuses planches gr., rare, (texte français et italien).

291 **Equitation.** L'Amazone au manége, à la promenade; traité d'équitation des dames, avec 206 vignettes de Frédéric Régamey. *Paris, Rothschild*, 1888, in-8 carré, br., n. c.

292 **Stud Bouk Français.** Registre des chevaux de pur sang, de l'origine à 1883. 7 vol. gr. in-8 br., (tomes 1 à 7) inclus.

293 **Equitation.** Connaissance complète du cavalier, de l'écuyer et de l'homme de cheval, par Van Der Meer. *Bruxelles*, 1866, fort vol. in-8. — Traité complet d'équitation rationnelle et de dressage du cheval, par Debost. *Paris*, 1879, fort vol. gr. in-8 br. Ens. 2 vol.

294 **Etreillis** (le Baron). Les chevaux de pur sang. Physionomie des écuries de courses françaises, etc. *Paris, Rothschild*, 1873, in-18 cart., portraits.

295 **LAFOSSE. COURS D'HIPPIATRIQUE.** *Paris, Edme*, 1772, fort vol. in-fol., v. pl., dos orné, *rare*.

Très bel exemplaire en papier de Hollande. 1 très beau portrait de l'auteur, plusieurs vignettes et 65 belles planches gravées.

296 **Escrime** (L'). Gazette des salles d'armes, des tirs et des sports; de l'origine (Octobre 1881) à Octobre 1882. 1re année complète en 52 livraisons in-4 br.

297 **MULLER** (Major de caval.). **THÉORIE** sur l'**ESCRIME A CHEVAL** pour se défendre avec avantage contre toute espèce d'armes blanches. *Paris, Cordier*, 1816, 1 vol. in-4, avec 51 planches gravées, br. (Mouill. d'eau), *très rare*.

298 **Cordelois.** Leçons d'armes, du duel et de l'assaut; édition illustrée de 28 planches et de 42 fig. gravées sur acier, par Brown. *Paris, l'Auteur*, 1862, 1 vol. gr. in-8 br.

299 **Vaux** (le Baron de). Les Tireurs au pistolet, préface de Guy de Maupassant. *Paris, Marpon* et *Flammarion*, 1883, 1 vol. gr. in-8, papier de Holl., portraits et vig. sur chine, br., couv.

300 **Charlemont.** La Boxe française; traité théorique et pratique. *Bruxelles, Rozez*, 1877, 1 vol. gr. in-8, pap. de Holl., figures dans le texte, br.

301 **Leboucher** (de Rouen). Théorie pour apprendre à tirer la canne en 20 leçons; ornée de 74 figures. *Paris, l'Auteur*, 1843, 1 vol. in-8 rel.

302 **GOMARD** (Possellier dit). **THÉORIE** de l'**ESCRIME,** enseignée par une méthode simple, basée sur l'observation de la nature. *Paris, Dumaine*, 1845, 1 vol. in-8, avec 24 planches gr., demi-rel. bas., *très rare*.

303 **Duel.** Le Duel, ses lois, ses règles, son histoire. *Paris, Decaux*, s. d., 1 vol. in-18 br. — Les Duellistes, par Th. de Grave, préface de Jules Claretie. *Paris*, 1868, 1 vol. in-12 br. — Essai historique et critique sur le Duel, par Brillat-Savarin. *Paris*, 1819, 1 vol. in-8 br. — Physiologie du Duel, par A. d'Almbert. *Paris, Amyot*, 1867, 1 vol. in-8 br. Ens. 4 vol.

304 **DEMEUSE. TRAITÉ de l'ART des ARMES**; nouvelle édition ornée de 14 planches gravées. *Paris, Delarue, s. d.* (vers 1820), 1 vol. in-12, dos et coins chag. rouge, n. rog., tête dor.

305 **Jeux**. Le Jeu des échets, trad. de l'ital. de Gioachino Greco. Calabrois. *Paris, Denis Mouchet*, 1714, 1 vol. pet. in-12, *rel. antiq.* — Le Whist rendu facile, suivi de traités du Whist de Gand, du Boston de Fontainebleau et du Boston Russe, par un amateur (Dandely). *Paris, Garnier*, 1855, 1 vol. in-12, br. — Eléments théoriques et pratiques du Jeu des échets, par Philidor. *Paris*, 1810, 1 vol. in-8, port., br. — Traité complet de la roulette, de ses rapports avec le trente-quarante par Grégoire. *Paris, Passard*, 1861, 1 vol. gr. in-8, demi-bas. Ens. 4 vol.

306 **Gymnastique** des demoiselles, par Nap. Laisné, *Paris*, 1854, 1 vol. in-12, avec pl., br. — Gymnastique pratique par Nap. Laisné. *Paris*, 1850, 1 fort vol. in-8, avec planches et figures, demi-chag. mar. — Théorie de la danse théâtrale par Adice. *Paris, Chaix*, 1859, 1 vol. in-4, br. Ens. 3 vol.

307 **Rameau** (le plus célèbre des musiciens du XVIIIe siècle, né à Dijon). CODE de MUSIQUE pratique, ou méthode pour apprendre la musique, même à des aveugles, etc. *Paris, de l'Imp. Royale*, 1760, 1 vol. in-4, 1 beau front. de Poussin, gravé par Fessard, 1 vignette sur le titre et 33 planches de musique gr., rel. veau éc., fil., tr. dor., *rare*.

308 **Rameau**. TRAITÉ de l'HARMONIE réduite à ses principes naturels. *Paris, Ballard*, 1722. *A la suite* : Nouveau système de musique théorique par le même. *Paris, Ballard* ; les 2 ouvrages en 1 fort vol. in-4, veau pl.

Bibliographie, Noblesse, Blasons,

Ordres de chevalerie, Manuscrits et Autographes.

309 **Autographe**, BREVET de SOUS-LIEUTENANT de MARINE conféré au citoyen sergent Trochon, au quartier général de Trévise le 5 brumaire an 6, signé BONAPARTE. 1 feuillet in-fol., avec une très jolie vign. (la Liberté), dessinée par Appiani et gravée par Mercoli.

310 **Autographe**. LETTRE de NOBLESSE, conférant le titre de CHEVALIER de l'EMPIRE à M. A. P. MOLINE de ST-YON, capitaine-aide-de-camp, (plus tard ministre de la guerre) 1810, signée NAPOLÉON et contresignée *Cambacérès et Laplace*. 1 feuille in-fol. parchemin, avec le sceau de l'Empire et les armes du chevalier de St-Yon peintes à la main.

311 **Autographes**, signatures et autres pièces. Lot d'environ 55 pièces manuscrites de différents formats.

312 **Ex-libris**. Lot d'environ 40 pièces, plusieurs en double exempl.

313 **Manuscrit**. Dissertation sur l'origine des arcs de triomphe anciens et modernes, considérés sous le rapport de leur architecture et des événements qui donnèrent lieu à leur élévation ; précédé d'un récit des triomphes les plus remarquables, depuis Romulus jusqu'à Constantin, et de ceux dont la mémoire a passé à la postérité par des monuments publics ; accompagnés des plans et élévations de plusieurs arcs de triomphe et des portes triomphales les plus renommées, etc. 1825, 252 pages et dessins in-4.

314 **Manuscrit**. Explication des planches de l'ordonnance de la cavalerie (vers 1720). 1 vol. in-12 carré, rel. v. pl., fil., dos orné.

40 pages manus., d'une très belle écriture, 20 planches en couleurs.

315 **Manuscrit**. Projet d'armement des fortifications de Paris par le lieutenant général d'artillerie baron Gourgaud (vers 1844). 1 vol. in-fol., cartonnage spécial.

Manuscrit d'environ 120 feuillets, titres et tableaux, avec la signature du général Gourgaud répétée quatre fois, et trois lettres autographes relatives à ce manuscrit.

316 **Bibliothèque** de M. le baron Silvestre de Sacy. *Paris, Imp. royale*, 1842, 3 vol. in-8 br.

Véritable bibliographie de la littérature orientale, et particulièrement des langues hébraïque, arabe et persane. Les titres des livres y sont rendus avec une grande exactitude et beaucoup sont accompagnés de notes savantes et intéressantes. Prix manuscrits.

317 **Catalogue** de la Bibliothèque du dépôt de la guerre. *Paris, Dumaine*, 1861, 2 forts vol. gr. in-8.

318 **Brivois** (Jules). BIBLIOGRAPHIE des OUVRAGES ILLUSTRÉS du XIXe siècle. *Paris, Conquet*, 1883, fort vol. gr. in-8, papier vergé, dos et coins chag. v., n. rog., tête dor., ébarbé.

319 **Willems** (Alp). LES ELZEVIER. Histoire et annales typographiques. *Bruxelles, van Trigt*, 1880, 1 fort vol. gr. in-8, cartonnage de l'édit., n. rog.

320 **Quérard**. LA FRANCE LITTÉRAIRE. *Paris, Didot*, 1827-1839, 10 vol. in-8, demi-v. f. Très bel exemplaire.

321 **Vallée** (Léon). Bibliographie des Bibliographies. *Paris, Terquem*, 1883-1887, 1 fort vol. et 1 vol. de Supplément. Ens. 2 vol. gr. in-8, dos et coins chag. v., dor. en tête, ébarbé. *Très bel exempl.*

322 **Drujon** (Fernand). Catalogue des ouvrages, écrits et dessins de toute nature, poursuivis, supprimés ou condamnés. *Paris, Rouveyre*, 1879, 1 vol. gr. in-8, demi-chag. n.

323 **Brunet** (Gustave). Dictionnaire de Bibliologie catholique, publié par l'abbé Migne. *Paris, Migne*, 1860, 1 vol. gr. in-8, demi-chag. roug., tête dor., non rog.

324 **Luce**. Essai d'une nouvelle Typographie ; orné de vignettes, fleurons, trophées, cadres et cartels inventés, dessinés et exécutés par L. Luce, graveur du Roi. *Paris, Barbou*, 1771, 1 vol. in-4, rel. v. pl., tiré à petit nombre.

325 **Guigard**. ARMORIAL du BIBLIOPHILE, avec blasons dans le texte. *Paris, Bachelin-Deflorenne*, 1870-1873, 2 tomes en 1 vol. gr. in-8, dos et coins chag., tète dor., ébarbé

326 **Bibliographie**. 10 vol. ou br. in-8 et in-12. Aimé-Martin, plan d'une Biblioth. Etablis. d'une Bibliothèq. *Rouveyre*, 1877. Richard, l'art de former une Bibliothèq. *Rouveyre*, 1883. Carrard de Breban. Recherches sur l'Etablis. de l'Imprimerie à Troyes. 1839. *Tiré à 125 exempl. numérotés*, et autres.

327 **Philomneste Junior**. Les fous littéraires; essai bibliographique sur la littérature excentrique. *Bruxelles, Gay et Doucé*, 1880, 1 vol. in-12, papier teinté br.

328 **Conseils** pour former une bibliothèque peu nombreuse mais choisie, par Formey. 3e édit. augmentée, avec une notice des ouvrages de l'auteur (par de La Martinière). *Berlin, Haude et Spener*, 1755, 1 vol. in-8 br.

329 **Trois Siècles** (les) de notre littérature, ou tableau de l'esprit de nos écrivains depuis François 1er jusqu'en 1772 par ordre alphabétique, (par Ant. Sabatier de Castres). *Amsterdam*, 1763 (?) (1773), 3 vol. in-8 br., rog.

330 **COLLECTION HISTORIQUE** des **ORDRES** de **CHEVALERIE CIVILS** et **MILITAIRES**, existant chez les différents peuples du monde, par **PERROT**. *Paris, André*, 1820, 1 vol. in-4, avec 40 planches gravées et soigneusement coloriées, rel.

331 **HISTOIRE** des **ORDRES ROYAUX, HOSPITALIERS, MILITAIRES** de Notre-Dame du Mont-Carmel et de Saint-Lazare de Jérusalem, par **GAUTIER** de **SIBERT**. *A Paris, de l'Impr. Royale*, 1762, 1 vol. in-4, 1 portrait d'après le tableau de Vanloo gravé par Voyard, 1 front., 4 gravures, 3 vign. et 2 culs-de-lampe d'Eisen, gravés par Baquoy, rel. veau pl.

332 **Histoire** de la Légion d'honneur par Saint-Maurice. *Paris, Denain*, 1833, 1 vol. in-8, 3 planches coloriées, cart. brad. — Histoire de l'ordre militaire de Saint-Louis, par A. Mazas. *Paris, Dentu*, 1856, 2 vol. gr. in-8, demi-chag. rouge. Ensemble 3 vol.

333 **Cérémonies** et **Préséances**. Réunion de 14 ouvrages sur les cérémonies du sacre royal, légion d'honneur, fêtes, chevalerie, etc., etc.

334 **Chevalerie**. Légion d'honneur, abrégé chronolog. de l'histoire des ordres de chevalerie par Dambreville. *Paris*, 1807, 1 vol. in-8, avec 28 planches gr., rel. — Histoire de l'Ordre du St-Esprit par de Saintfoix. *Paris*, 1767, 1 vol. in-12 rel. — Dictionnaire des ordres de chevalerie civils et militaires, par Maigne. *Paris*, 1861, 1 vol. in-12, pap. de Holl , 1 planche coloriée, br. — Dictionnaire historique des ordres de chevalerie, par Gourdon Genouillac. *Paris, Dentu*, 1860, 1 vol. in-12, nombreuses figures coloriées, br. Ens. 4 vol.

335 **Etats militaires**, par de Roussel, années 1783, 1786, 1787, 3 vol. in-12 rel. — Almanach de la Cour de France pour 1811, 1812, 1816, 1819 et 1820. 5 vol. in-32, cart., portraits et fig. Ens. 8 vol.

336 **Batjin**. Histoire complète de la noblesse de France depuis 1789 jusque vers l'année 1862. *Paris, Dentu*, 1862, in-8, dos et coins v.

337 **Noblesse**. Etat présent de la noblesse Française, année 1866. *Paris, Bachelin-Deflorenne*, fort vol. gr. in-8, demi-ch., *nombr. blasons*.

338 **Les Familles** de France et les hommes d'Etat, de guerre, de science et d'art inscriptions historiques, biographiques, généalogiques et héraldiques des Maisons princières, des autres maisons nobles, etc. *Paris, Institut des Archives historiques*, 1851, 2 tomes en 1 vol. in-4, pl. v., tr. dor.

339 **Etat** des Maisons souveraines de l'Europe 1757, texte allemand. Fort vol. in-8, rel. vélin, nombreux blasons n. et coloriés.

LIVRES EN LOTS

VIENT DE PARAITRE :

BIBLIOTHÈQUE D'ART ET D'HISTOIRE MILITAIRES

(*Publication de la Revue du Cercle militaire*)

No 1

La Retraite du 13e Corps de Mézières à Laon

Effectuée les 2 et 3 septembre 1870, sous les ordres du général VINOY, par le Commandant de JACQUELOT DU BOISROUVRAY, chef d'Etat-major de la 17e Division d'infanterie. Une brochure de 50 pages in-18, avec un croquis. 1 fr.

No 2

VIENT DE PARAITRE :

Considérations Militaires et Stratégiques sur les Chemins de fer Italiens

Par *CARLO AYMONINO*, capitaine d'Etat-major. Traduit de l'italien par le capitaine *MALIFAUD*. Troisième édition, 1889, in-12. 1 fr. 50

VIENT DE PARAITRE :

THÉORIE DE LA GUERRE DE MONTAGNE

Etudes sur la guerre civile dans le nord de l'Espagne de 1872 à 1876 par *le Lieutenant-Général D. PEDRO RUIZ DANA*. Traduit de l'espagnol par le Commandant *MALIFAUD*. 4e édition. Beau vol. in-18 jésus, avec une carte. 4 fr.

EXTRAITS DE LA TABLE DES MATIÈRES

Chapitre Ier. — Géographie militaire des provinces basques de la Navarre.
Chapitre II. — Etudes des provinces basques et de la Navarre au point de vue militaire.
Chapitre III. — Guerre irrégulière ou de guerrillas. — Théorie : en Navarre. — Dans les provinces basques.
Chapitre IV. — Guerre irrégulière. — Théorie.
Chapitre V. — Politique de la Guerre. — Les retranchements carlistes. — Expéditions dans l'intérieur de la Péninsule.
Chapitre VI. — Armée libérale. — Armée carliste. — Leur organisation. — Situation respective des belligérants. — Réformes nécessaires.
Chapitre VII. — Difficulté à vaincre dans la guerre civile du Nord.
Chapitre VIII. — Question personnelle. — Quelques données historiques.

VIENT DE PARAITRE :

Marche d'Annibal des Pyrénées au Pô

Par le Colonel d'Artillerie *PERRIN*. Un vol. in-8, avec une carte et 3 plans. 5 fr. 50. — Franco : 6 fr.

Ouvrage honoré de la souscription du Ministère de la guerre.

M. le Colonel d'Artillerie PERRIN, m'ayant fait seul dépositaire de son ouvrage sur la *Marche d'Annibal des Pyrénées au Pô*, dont la 2e partie contient la description des vallées se rendant du bassin du Rhône dans celui du Pô, depuis la vallée de l'Eygues jusqu'à celle de la Drance (Grand St-Bernard), ainsi que l'indication des temps de viabilité des vallées transversales qui relient la Tarentaise et la Maurienne, je tiens à la disposition des Bibliothèques départementales et des Bibliothèques régimentaires, des exemplaires, qui, d'après la volonté de l'auteur, (qui fait en leur faveur, abandon de tous ses droits), leur seront livrés à raison de **2 fr.**

Les demandes pour les Bibliothèques devront être revêtues de la signature et du cachet des maires ou adjoints, et de celle des chefs de corps.

www.ingramcontent.com/pod-product-compliance
Ingram Content Group UK Ltd.
Pitfield, Milton Keynes, MK11 3LW, UK
UKHW032013260826
14628UKWH00005B/2460

9 782329 538211